Alfabetización Académica

**Berta Rotstein de Gueller
y Ana Paula Soláns
(Compiladoras)**

Alfabetización Académica

*Contribuciones de una década
de jornadas de intercambio en investigación*

Colección UAI - Investigación

Alfabetización académica : Contribuciones de una década de jornadas de intercambio en investigación / Berta Rotstein de Gueller ... [et.al.] ; compilado por Berta Rotstein de Gueller y Ana Paula Soláns. - 1a ed. - Ciudad Autónoma de Buenos Aires : Teseo; Universidad Abierta Interamericana, 2015.
264 p. ; 20x13 cm
ISBN 978-987-723-024-6
1. Educación. 2. Pedagogía. 3. Investigación. I. Rotstein de Gueller, Berta II. Rotstein de Gueller, Berta, comp. III. Soláns, Ana Paula , comp.
CDD 370.15

© UAI,Editorial, 2015

© Editorial Teseo, 2015

Teseo - UAI. Colección UAI - Investigación

Correctora a cargo de la edición: Carolina Brani

Buenos Aires, Argentina

ISBN 978-987-723-024-6

Editorial Teseo

Hecho el depósito que previene la ley 11.723

Para sugerencias o comentarios acerca del contenido de esta obra, escríbanos a: **info@editorialteseo.com**

www.editorialteseo.com

Autoridades

Rector Emérito: Dr. Edgardo Néstor De Vincenzi
Rector: Mg. Rodolfo De Vincenzi
Vice-Rector Académico: Dr. Francisco Esteban
Vice-Rector de Gestión y Evaluación: Dr. Marcelo De Vincenzi
Vice-Rector de Extensión Universitaria: Ing. Luis Franchi
**Decano Facultad de Desarrollo
e Investigación Educativos:** Lic. Perpetuo Lentijo

Comité editorial

Lic. Juan Fernando Adrover
Arq. Carlos Bozzoli
Mg. Osvaldo Barsky
Dr. Marcos Córdoba
Mg. Roberto Cherjovsky
Mg. Ariana De Vincenzi
Dr. Roberto Fernández
Dr. Fernando Grosso
Dr. Mario Lattuada
Dra. Claudia Pons
Dr. Carlos Spector

Los contenidos de los libros de esta colección cuentan con evaluación académica previa a su publicación

PRESENTACIÓN

La Universidad Abierta Interamericana ha planteado desde su fundación en el año 1995 una filosofía institucional en la que la enseñanza de nivel superior se encuentra integrada estrechamente con actividades de extensión y compromiso con la comunidad, y con la generación de conocimientos que contribuyan al desarrollo de la sociedad, en un marco de apertura y pluralismo de ideas.

En este escenario, la Universidad ha decidido emprender junto a la editorial Teseo una política de publicación de libros con el fin de promover la difusión de los resultados de investigación de los trabajos realizados por sus docentes e investigadores y, a través de ellos, contribuir al debate académico y al tratamiento de problemas relevantes y actuales.

La Colección Investigación Teseo - UAI abarca las distintas áreas del conocimiento, acorde a la diversidad de carreras de grado y posgrado dictadas por la institución académica en sus diferentes sedes territoriales y a partir de sus líneas estratégicas de investigación, que se extienden desde las ciencias médicas y de la salud, pasando por la tecnología informática, hasta las ciencias sociales y humanidades.

El modelo o formato de publicación y difusión elegido para esta colección merece ser destacado por posibilitar un acceso universal a sus contenidos. Además de la modalidad tradicional impresa comercializada en librerías seleccionadas y por nuevos sistemas globales de impresión y envío pago por demanda en distintos continentes, la UAI adhiere a la red internacional de acceso abierto para el conocimiento científico y a lo dispuesto por la Ley 26.899 sobre Repositorios digitales institucionales de acceso abierto en ciencia y tecnología, sancionada por el Honorable Congreso de la Nación Argentina el 13 de noviembre de 2013, poniendo a disposición del público en forma libre y gratuita la versión digital de sus producciones en el sitio web de la Universidad.

Con esta iniciativa la Universidad Abierta Interamericana ratifica su compromiso con una educación superior que busca en forma constante mejorar su calidad y contribuir al desarrollo de la comunidad nacional e internacional en la que se encuentra inserta.

Dr. Mario Lattuada
Secretaría de Investigación
Universidad Abierta Interamericana

ÍNDICE

Presentación 11

**Diez años de jornadas de intercambio en
investigación educativa y psicopedagógica** 15

Prólogo 19

Educación superior 25

    Capítulo 1. ¿Cómo se enseña en el aula
universitaria? Concepciones de enseñanza y
prácticas pedagógicas en profesores de medicina.
De Vincenzi, Ariana; Murata, Cecilia 27

    Capítulo 2. El proyecto lector en la universidad:
prescripciones y construcciones.
Luchetti, María Fabiana; Dorronzoro, María Ignacia 45

    Capítulo 3. La escritura académica en el aula
universitaria.
Capomagi, Diana 55

    Capítulo 4. Aspectos metodológicos de una línea
de investigación sobre la actividad de estudio en el
ingreso a la universidad de Buenos Aires.
Stasiejko, Halina; Krauth, Karina Edelmys; Pelayo
Valente, Loreley 73

    Capítulo 5. El humor como recurso didáctico.
Análisis de los juegos de palabras de Sendra desde el
punto de vista de la lingüística estructural.
Delgrosso, Adriana 101

Escolaridad y niñez 131

    Capítulo 6. Práctica social y construcción subjetiva
de la infancia.
Santos, Griselda; Pizzo, María Elisa 133

Capítulo 7. Lógicas que configuran las prácticas de crianza en niños con y sin problemas escolares.
Rotstein de Gueller, Berta; Soláns, Ana Paula 149

Capítulo 8. Autoconcepto y percepción de pautas parentales de crianza en niños escolares.
Clerici, Gonzalo; García, María Julia 171

Capítulo 9. La relación adulto-niño como dimensión de las representaciones de la infancia.
Pizzo, María Elisa 191

Capítulo 10. Hacer lugar al niño. Prácticas sociopsicopedagógicas e infancia en contextos de vulnerabilidad y desvalimiento social.
Lovazzano, Martha; Santamaría, Stella 209

Capítulo 11. La construcción del cuidado y la alteridad. Los actores y las prácticas.
Chardon, María Cristina; Bottinelli, María Marcela 241

DIEZ AÑOS DE JORNADAS DE INTERCAMBIO EN INVESTIGACIÓN EDUCATIVA Y PSICOPEDAGÓGICA

El 18 de octubre de 2014 se han cumplido diez años de una actividad que ha logrado un fuerte arraigo en la labor académica de la Facultad de Desarrollo e Investigación Educativos de la Universidad Abierta Interamericana, la que transita en el presente sus 18 años de funcionamiento. Entre los objetivos liminares de la misma, puestos en acto en un principio por los decanos que me precedieron: el Lic. Luis Mancini y el Dr. Roque Ludojoski, y desarrollados por un equipo docente que nos acompaña con una continuidad y dedicación encomiables, estuvo la vinculación de la labor académica con las prácticas educativas y psicopedagógicas en todos los niveles del sistema educativo.

En ese contexto, se procuró arraigar el trabajo de las aulas en las cinco carreras de grado: Ciencias de la Educación, Psicopedagogía, Gestión de Instituciones Educativas, Educación Inicial y Profesorado Universitario, junto al Posgrado en Docencia Universitaria, con los desafíos que a diario aportan las prácticas en un medio que, en las últimas dos décadas en la Argentina, ha crecido en complejidad dados los altos índices de crecimiento en extensión y de renovación curricular.

Los docentes, actores esenciales de este proceso, han asumido que, frente a esa complejidad, la mejor respuesta es la capacitación. Así, de una unidad académica con 70 alumnos, 17 años atrás, llegamos en la actualidad a una Facultad con más de 1000 alumnos, con historias académicas diversas, que buscan acreditar, a través de trayectos formativos de variada extensión y orientación, el grado universitario y la formación profesional.

Estos docentes, provenientes de distintos niveles del sistema, constituyen buena parte de la población estudiantil y son quienes aportan gran parte del material concreto, a través de sus demandas cotidianas, sobre las cuales el claustro académico procura encarnar el saber experto desde el cual revisar y reprocesar esos desafíos.

La investigación, en ese marco, es casi una práctica indispensable para responder a los objetivos de las distintas cátedras. No obstante, la alfabetización académica en el área requiere de un serio trabajo para brindar las herramientas que hagan, de un docente inquieto por su realidad e intuitivo en su hacer, un profesional con las herramientas suficientes para encarar de manera sistemática y experta, la labor en las aulas, la gestión o la clínica.

Las *Jornadas de Intercambio en Investigación Educativa y Psicopedagógica* surgieron, como bien lo exponen las docentes compiladoras de la presente edición, con la intención de acercar a la población estudiantil las realidades y herramientas con las que, en distintos contextos, otros expertos desarrollan su tarea. Como su nombre lo expresa, la Universidad Abierta Interamericana surge para ofrecer un espacio académico en el que tengan oportunidad de actuación los especialistas de las más variadas procedencia y orientación, evitando los rótulos o los enfoques sesgados. Así, en los diez años de realización, las Jornadas albergaron expositores de la más diversa procedencia, desde la Universidad de Buenos Aires al Instituto Universitario Escuela Argentina de Negocios, permitiendo el diálogo directo entre investigadores expertos con estudiantes en proceso de iniciación o con tesistas en plena tarea de conformación de sus trabajos finales.

La Lic. Berta Rotstein de Gueller y la Lic. Ana Paula Soláns integran una de las cátedras del área de investigación de la Facultad a la que sumaron sus aportes otras cátedras durante estos años de trabajo fecundo. A todos agradecemos el apoyo para llevar adelante esta iniciativa, al igual que al Rectorado de la Universidad y a la Secretaría de Investigación. Lejos de considerar este hito como misión cumplida, aportamos esta edición –la tercera con trabajos presentados en el marco de las Jornadas– como un testimonio y un aporte más al trabajo de otros investigadores, docentes y estudiantes en el campo de la actividad educativa y psicopedagógica.

Esperamos que este libro sea recibido con apertura por la comunidad académica, y se constituya en fuente de incentivo para nuevas realizaciones en esos campos.

Lic. Perpetuo LENTIJO
Decano de la Facultad
de Desarrollo e Investigación Educativos
Universidad Abierta Interamericana

PRÓLOGO

Una de las problemáticas en el campo de la pedagogía universitaria es el proceso de configuración del alumno en estudiante y de consumidor en productor de conocimientos. Este proceso implica la apropiación de nuevas lógicas, normas, experiencias y conceptos que demandan intervenciones planificadas y sistemáticas. Una de estas intervenciones se materializa en el currículo de la carrera, específicamente en los proyectos de enseñanza de las cátedras. En éstas se explicitan las prácticas académico-profesionales que se les brindarán a los estudiantes para que se apropien de las asignaturas con significado y sentido. Desde esta óptica, uno de los riesgos que pueden correr las asignaturas es su banalización, al reducir, muchas veces, su enseñanza a cuestiones meramente técnicas. De esta manera se anula la potencia transformadora de las prácticas de enseñanza y de aprendizaje.

A partir de lo expuesto y de considerar lo que plantea Perkins (1999), que el enfoque constructivista del aprendizaje ubica al estudiante en el asiento del conductor y lo incita a encontrar su propio camino durante el proceso de aprendizaje, con la guía del maestro. Por este motivo, es que en el marco de los Seminarios de Metodología de Investigación II y III de la Carrera de Psicopedagogía de la Universidad Abierta Americana se plantearon intervenciones relacionadas con la alfabetización científica.

En una primera instancia, con la intención de instalar la investigación en la agenda de los estudiantes, se decidió convocar a investigadores en el contexto de las clases. Ellos comunicaron a los estudiantes sus procesos investigativos, compartieron sus experiencias y hallazgos, los analizaron y discutieron acerca de ellos. En este sentido, estimularon a los aprendices a ingresar en el mundo de la investigación.

En una segunda instancia, con un criterio más abierto hacia las demás cátedras y sus estudiantes, se resolvió organizar las Jornadas de Intercambio en Investigación. Se consideró la participación de investigadores de variadas disciplinas y de diferentes contextos académicos para establecer un diálogo con todos los estudiantes y docentes de la Facultad. De este modo, las jornadas se constituyeron en un contexto privilegiado para establecer puentes entre los saberes y el hacer de la investigación científica, lo que permitió rebatir y/o enriquecer representaciones previas.

Es en la tercera instancia en la cual se resuelve publicar algunas de las investigaciones presentadas a lo largo de las diez Jornadas de Intercambio en Investigación Educativa y Psicopedagógica durante la última década (2004-2014), pretendiendo colaborar con la alfabetización científica como espacio retórico y discursivo. Se considera este material como aporte a la alfabetización académica así como insumo para las asignaturas de metodología de la investigación.

Los trabajos de este libro se organizan en dos grandes ejes de producción y selección de trabajos: uno centrado en *educación superior* y otro en *escolaridad y niñez*. En ellos el lector hallará riqueza y variabilidad. El primero abarca a docentes, estudiantes, contenido y métodos. Sus autores recolectaron información sobre sus poblaciones con variados instrumentos: desde aquellos más tradicionales como observaciones, entrevistas, inventarios, cuestionarios y escalas, hasta técnicas menos comunes como las gráficas. El segundo eje se centra en los niños como unidades de análisis así como en el estudio simultáneo de ellos, sus padres y docentes. Además de los instrumentos descriptos en el eje anterior, se incluyeron grupos focales, videos, documentos y estrategias como técnicas de simulación (títeres), cuentos y series televisivas.

A modo de viaje al interior de cada capítulo, se recomienda al lector atravesar el proceso de investigación enfocándose en algunos aspectos. Se sugiere entonces prestar especial atención a cómo se identifica el problema y la justificación de la investigación en el capítulo "¿Cómo se enseña en el aula universitaria? Concepciones de enseñanza y prácticas pedagógicas en profesores de Medicina" de Vincenzi y Murata. Para ver cómo se desarrollan los antecedentes (el estado del arte) podrá acercarse al capítulo "Lógicas que configuran las prácticas de crianza en niños con y sin problemas escolares", de Rotstein de Gueller y Soláns. Si se sumerge en el capítulo "Autoconcepto y percepción de pautas parentales de crianza en niños escolares", de Clerici y García, podrá abordar los contextos conceptuales (marco teórico). Los capítulos "Aspectos metodológicos de una línea de investigación sobre la actividad de estudio en el ingreso a la Universidad de Buenos Aires", de Stasiejko, Krauth y Pelayo Valente, y "La relación adulto-niño como dimensión de las representaciones de la infancia", de Pizzo, lo conducirá a descubrir estrategias metodológicas. Por su parte, el capítulo "Práctica social y construcción subjetiva de la infancia" de Santos y Pizzo, le propondrá el modelo de análisis tripartito. Las dimensiones de análisis las podrá observar claramente en "El proyecto lector en la universidad: prescripciones y construcciones", de Luchetti y Dorronzoro.

Podrá apreciarse la asignación de instrumentos según el actor social a ser indagado en el capítulo "La construcción del cuidado y la alteridad. Los actores y prácticas", de Chardon y Bottinelli. Asimismo, las técnicas gráficas y la presentación de instrumentos no convencionales podrán encontrarse en los ya citados capítulos "Aspectos metodológicos de una línea de investigación sobre la actividad de estudio en el ingreso a la Universidad de Buenos Aires" y "La relación adulto-niño como dimensión de las representaciones de la infancia", respectivamente.

Si su deseo es ver un instrumento de recolección explícito, no deje de leer los anexos del capítulo "La escritura académica en el aula universitaria", de Capomagi. Por su parte, Clerici y García proponen una estrategia estándar (cuantitativa) de instrumentos de recolección y análisis estadístico. Si necesita una orientación acerca de modelos y encuadre de intervenciones puede leer "Hacer lugar al niño. Prácticas sociopsicopedagógicas e infancia en contextos de vulnerabilidad y desvalimiento social", de Lovazzano y Santamaría. Para evaluar cómo se lleva adelante el análisis sumérjase en el trabajo de Delgrosso "El humor como recurso didáctico. Análisis de los juegos de palabras de Sendra desde el punto de vista de la lingüística estructural".

Una vez recolectados los datos, encontrará en "La relación adulto-niño como dimensión de las representaciones de la infancia", de Pizzo, un acercamiento a una categoría emergente, propia del diseño flexible, que puede manifestarse cuando se analizan los datos recolectados con enfoque no estándar (cualitativo).

En una última parada de lectura, los capítulos ya mencionados de Clerici y García; y de Rotstein de Gueller y Soláns lo guiarán a la exposición de resultados estándar (cuantitativos) y la exposición de hallazgos no estándar (cualitativos) respectivamente.

Finalmente, las compiladoras queremos agradecer el inestimable apoyo del Decano de la Facultad de Desarrollo e Investigación Educativos, Lic. Perpetuo Lentijo y al equipo de la Secretaría de Investigación. Como así también agradecer a los investigadores y sus equipos, personas comprometidas con la producción de conocimientos científicos por colaborar generosamente con sus trabajos, y especialmente a Carolina Brani, responsable del proceso de edición de este libro.

A ustedes, nuestros lectores, les deseamos un buen viaje y esperamos que, algún día, sean quienes hagan este recorrido.

Berta Rotstein de Gueller
Ana Paula Soláns
(Compiladoras)

EDUCACIÓN SUPERIOR

CAPÍTULO 1
¿CÓMO SE ENSEÑA EN EL AULA UNIVERSITARIA? CONCEPCIONES DE ENSEÑANZA Y PRÁCTICAS PEDAGÓGICAS EN PROFESORES DE MEDICINA

De Vincenzi, Ariana[1];
Murata, Cecilia[2]
2006

Esta investigación tiene como propósito estudiar cómo se enseña en el nivel universitario, específicamente en la carrera de Medicina, a través de la descripción de las prácticas docentes observadas en el aula y en un contexto hospitalario, y del relevamiento de las concepciones de los profesores sobre la enseñanza.

Desde la década de los setenta se ha producido importante cantidad de investigación empírica en el campo de la enseñanza que advierte sobre la necesidad de analizar la actuación de los profesores en el aula, evitando realizar inferencias sobre las características de las prácticas docentes a partir de lo que estos expresan durante las entrevistas (Kane et al., 2002).

La práctica docente se caracteriza por su complejidad. En ella intervienen distintos actores, docentes y estudiantes, con características particulares y se producen intercambios y relaciones en contextos igualmente específicos y cambiantes. Por lo tanto, el docente se expone en varias oportunidades a sucesos imprevistos

---

[1] Universidad Abierta Interamericana.
[2] Universidad Abierta Interamericana.

frente a los cuales debe responder adaptando sus estrategias de intervención a las circunstancias reales.

Tales intercambios que se producen entre profesor y alumnos, en el marco de la estructura de las tareas académicas, surgen desde diferentes fuentes y se orientan hacia diversas direcciones, lo que convierte al aula en un complejo escenario.

No podemos desconocer que el docente utiliza conocimientos formales, pedagógicos y disciplinares, al momento de planificar su intervención en el aula pero que, ante la situación real educativa, el docente actúa –en forma consciente o intuitiva– conforme con las elecciones que considera más convenientes para su práctica. En dichas circunstancias opera el *conocimiento práctico* (Schön, 1992; Claxton, 2002) que favorece la fluidez en la intervención docente y retroalimenta el conocimiento formal.

Estudiar las concepciones de la enseñanza del docente permite establecer cómo se produce esa síntesis de conocimientos formales y de experiencias prácticas personales en el ámbito de la tarea educativa (Rodrigo, Rodríguez y Marrero; 1993).

Desde finales de los años setenta, el estudio sobre las concepciones de la enseñanza del docente se ha constituido en una línea de investigación (Clark y Yinger, 1979) y desde entonces se ha ido consolidando. El eje se ubica en analizar el pensamiento del profesor partiendo de la premisa de que "la enseñanza es una actividad que difícilmente pueda analizarse con independencia de la red de significados en que se inscriben las acciones y de las perspectivas de los actores" (Feldman, 2004: 69). Las investigaciones producidas prestan especial atención a la formación docente y su experiencia profesional.

Del análisis de la relación entre las prácticas docentes y las concepciones sobre la enseñanza que poseen los docentes pueden surgir interesantes reflexiones. Al respecto, Sanjurjo (1994: 144) considera que existe una relación bidireccional entre concepción y práctica, al señalar que "la intervención se encuentra mediatizada por la forma de entender y pensar la práctica y asimismo la práctica confirma, modifica o transforma la comprensión de la misma". De este modo, las concepciones sirven de marco de referencia para actuar, reconociendo su importante carácter mediador en la configuración de la práctica docente.

Asimismo, existen diferentes mecanismos que actúan en dicha práctica, transformando las teorías implícitas de los profesores (Baena, 2000). Conforme lo han relevado autores como Wittrock (1986), De la Cruz y Scheuer (2000), no existe suficiente investigación producida sobre el estudio de esta relación. Pérez Gómez (1989: 124) señala que "los vínculos entre el pensamiento y la conducta, entre el procesador y el ejecutor humano son evidentemente complejos y permanecen lo bastante desconocidos como para aconsejar la prudencia y el reconocimiento de cierta discontinuidad entre el pensar y el hacer".

Relevar creencias y conocimientos de los profesores universitarios acerca de la enseñanza e identificar la relación que existe entre éstas y las prácticas docentes resulta el punto de partida para promover un tipo de propuesta de formación pedagógica que resulte significativa para el desarrollo profesional docente. Debe advertirse que en el nivel universitario –y con mayor énfasis en la carrera de Medicina– la formación pedagógica de los profesores se convierte progresivamente en un requerimiento formal.

De este modo, se espera que los resultados que arroje este trabajo permitan identificar los diferentes aspectos que intervienen en la configuración que los docentes realizan del proceso de enseñanza y, por esta vía, contribuir en el análisis de dos problemáticas relevantes en el campo de la Didáctica de Nivel Superior: la crisis de la legitimidad del profesionalismo en la tarea docente y la capacitación y formación pedagógica continua de quienes asumen la función de enseñar.

La crisis del profesionalismo analizada por Schön (1992) y Hargreaves (2002), entre otros, refiere a la "crisis de confianza tanto en la educación profesional como en los propios profesionales para guiar la práctica" (Hargreaves, 2002: 33). La racionalidad técnica (Schön, 1992) no resulta suficiente para dar respuesta a la compleja y diversa realidad a la que se enfrentan los profesionales en la vida cotidiana.

Esta crisis se acentúa si se analiza la dimensión profesional del docente universitario: "la docencia universitaria resulta notablemente contradictoria en cuanto a sus parámetros de identidad socio profesional. Es frecuente que los profesores universitarios nos identifiquemos como tales en la medida en que es signo de status social. Pero ese reconocimiento (al menos en lo que se refiere a sus componentes docentes) resulta bastante marginal a la hora de valorar los elementos desde los que se construye y desarrolla dicha identidad" (Zabalza, 2004: 107).

Si bien en los debates acerca del mejoramiento de la calidad de enseñanza se plantea que la profesión docente implica exigencias de conocimientos del área pedagógica para poder ejercerla, no se ha regulado aún en la Argentina el requisito de una titulación que habilite el ejercicio de la tarea de enseñar en el nivel universitario.

A su vez, los dominios específicos de cada campo profesional generan, en el contexto de la educación universitaria, discursos pedagógicos divergentes y fragmentados que dan cuenta de un pluralismo profesional (Schön, 1992), pudiéndose percibir la coexistencia de diversas concepciones sobre la docencia, sin que ninguna alcance la condición de discurso dominante. Asimismo, admite pluralización de modalidades de intervenciones y prácticas docentes.

La complejidad de la vida en el aula reclama una postura heurística por parte de los docentes, la que debe sustentarse en conocimientos, principios de procedimiento y valores, para asumir con responsabilidad la actividad docente (Elliot y Stenhouse). En este sentido, los programas de capacitación y formación docente deberían promover contextos de reflexión sobre la acción, en los que el docente pueda explicitar los diferentes aspectos que se ponen en juego en su práctica pedagógica, asumiendo el proceso de enseñanza como una cuestión de revisión permanente.

Marco teórico

Las prácticas docentes en el aula
Dimensiones para su análisis

A lo largo del siglo XX se realizaron diversas investigaciones sobre las prácticas docentes que arrojaron cantidad de información sobre los diferentes factores que intervienen en el proceso de enseñanza. Dichos factores o dimensiones de análisis de la enseñanza se manifiestan con mayor o menor relevancia y con significados determinados en la actuación docente en el aula.

Considerando tales investigaciones sobre la enseñanza a través del trabajo producido por Pérez Gómez (1989) en *La enseñanza: su teoría y su práctica*, pueden identificarse al menos seis dimensiones de análisis en la práctica docente en el aula:

1. La planificación.
2. La estructuración metodológica del contenido de la enseñanza.
3. Las interrelaciones entre docente y alumnos en torno a las actividades académicas.
4. Los procedimientos de evaluación implementados.
5. La organización de la vida en el aula.
6. El tipo de tareas académicas.

Por constituir *dimensiones del proceso de enseñanza*, existe entre ellas una interacción permanente que limita la posibilidad de identificarlas como manifestaciones independientes que se materializan en una sola actividad o referencia verbal del docente o en un momento específico de la clase.

En la vida en el aula, dichas dimensiones se integran en un espacio singular, complejo y cambiante. Es por ello que resulta necesario asumir un enfoque multidimensional para interpretar y ordenar la observación de la práctica docente.

Las prácticas docentes a lo largo de la investigación educativa

Pérez Gómez (1989) realizó un análisis de las investigaciones empíricas producidas en el campo de la enseñanza entre la década de los sesenta y la de los setenta. Estas investigaciones arrojaron diversa información acerca de los múltiples factores que inciden en el proceso de enseñanza.

Al respecto Pérez Gómez señala que cada una de estas investigaciones parte de modelos conceptuales específicos que orientan la atención hacia algunos de los aspectos particulares de la vida en el aula. Esta perspectiva selectiva se ve reflejada en los diferentes modelos explicativos de la práctica docente cuya evolución "se ha producido en un sentido de mayor profundización y extensión, para abarcar y reflejar con mayor fidelidad la complejidad de los fenómenos reales que ocurren en el ámbito natural del aula" (Pérez Gómez, 1989: 96).

En este sentido, al analizar las prácticas docentes se debe contemplar que ninguno de los modelos explicativos se identificará en el aula en forma pura, sino que se podrá advertir, a partir del análisis de las dimensiones de la práctica docente, una prevalencia de las características propias de un modelo respecto de los demás.

Se identifican tres tipos de configuraciones de la práctica docente:

1. La práctica docente como actividad técnica en la que subyace un modelo pedagógico proceso-producto.

2. La práctica docente como comprensión de significados en la que subyace un modelo pedagógico mediacional.

3. La práctica docente como espacio de intercambios socioculturales en la que subyace un modelo pedagógico ecológico.

Las concepciones sobre la enseñanza

Estudiar las prácticas de enseñanza para sustentar las orientaciones didácticas que contribuyan al mejoramiento de la docencia implica atender las concepciones que los profesores tengan sobre ella.

Uno de los conceptos que se utiliza para estudiar las concepciones de los profesores sobre la enseñanza, es el de teorías implícitas, definidas como "simplificaciones de la estructura correlacional del mundo", dando lugar a la construcción de modelos mentales o interpretaciones de la realidad con las que el sujeto opera. Estas tienen una "función descriptiva o predictiva de los acontecimientos pero escasamente explicativa". Dada su naturaleza de representaciones implícitas, no serían accesibles a la reflexión consciente (Pozo Municio, 2001: 230).

Rodrigo, Rodríguez y Marrero (1993: 245) definen las teorías implícitas sobre la enseñanza como "teorías pedagógicas personales reconstruidas sobre la base de conocimientos pedagógicos históricamente elaborados y transmitidos a través de la formación y en la práctica pedagógica. Por lo tanto, son una síntesis de conocimientos culturales y de experiencias personales". En esta definición marcan la conexión entre los conocimientos subjetivos y experienciales y los conocimientos formales y profesionales que subyacen a la concepción de enseñanza que poseen los profesores.

La investigación desarrollada hasta el momento no ha demostrado que exista una relación directa entre creencias, teorías o representaciones de los profesores sobre la enseñanza y su práctica docente; por el contrario, numerosas investigaciones refieren la frecuente contradicción entre lo que se piensa y lo que se hace

(Carretero, 1991; Murray y Macdonald, 1997; Molpeceres y otros, 2001; Tillema y Hayon, 2005).

Para relevar el pensamiento del docente sobre la enseñanza desde el análisis de sus teorías implícitas, resulta necesario generar una situación en que éste reflexione sobre su práctica de enseñanza y que desde una acción discursiva pueda describirla. Reflexionar sobre la acción supone distanciarse de ella y convertirla en objeto de conocimiento mediante representaciones conceptuales explícitas. Es allí donde pueden presentarse los problemas de coherencia entre el pensamiento y la acción. Schön (1992) se refiere a la *teoría expuesta* que produce el sujeto cuando intenta explicar sus acciones desde el lenguaje usual y a la *teoría en uso* que es la que utiliza en la actuación. La enunciación de las acciones no reflejaría exactamente a estas ya que implica un nivel diferente de construcción.

La reflexión sobre la acción supone el control de los propios procesos cognitivos y la capacidad de orientarlos estratégicamente hacia propósitos específicos. Cuando las restricciones estructurales de las teorías implícitas de un docente impiden dar respuesta adecuada a demandas del contexto de enseñanza, se puede producir una reestructuración de las teorías implícitas, mediante una reflexión consciente sobre estas. Esa reflexión sobre la práctica inicia un proceso de cambio conceptual que, hasta que se refleja en la actuación, puede afectar la coherencia entre pensamiento y la actuación. Al respecto, Carretero (1991: 19) señala que "la mayoría de los docentes sabemos que desde que concebimos algo hasta que lo logramos llevar al terreno de la práctica, existe un largo camino que en muchos casos resulta difícil de transitar". Carretero destaca la dificultad que implica para un docente cambiar sus teorías o prácticas cotidianas y señala la necesidad de que el docente visualice la modificación de su práctica como un crecimiento potencial y no como la superación de un problema o defecto en esta. El proceso de cambio conceptual requiere de una base afectiva o de confianza para poder iniciarse.

Material y métodos

Se realiza un trabajo de investigación con un abordaje cualitativo y de nivel descriptivo. El abordaje cualitativo, privilegiando la observación *in situ* del desarrollo de las prácticas concretas de enseñanza, permite la conceptualización de estas desde una perspectiva que integra los aportes de las corrientes pedagógicas actuales. En este sentido, se enfatiza la construcción de los datos desde el propio análisis de las observaciones realizadas. El diseño descriptivo indaga las concepciones de enseñanza prevalentes entre los docentes de la carrera de Medicina a través de un instrumento psicométrico.

Instrumentos empleados para el relevamiento de la información

Ficha de observación.

La ficha de observación de clases abarca las dimensiones de la práctica docente identificadas en el marco teórico: planificación, estructuración metodológica de la clase, procedimientos de evaluación implementados, la interacción en el aula, la organización de la vida en el aula y el tipo de tareas académicas. En tal sentido se identifican una serie de aspectos que deben ser observados en el aula para describir la presencia o ausencia de dichas dimensiones en las prácticas docentes observadas. Asimismo se referencian palabras claves para la narración de la observación que representan conceptos desarrollados sobre cada dimensión en el marco teórico.

Inventario Atribucional de Teorías Implícitas (Rodrigo, Rodríguez y Marrero, 1993).

Para relevar las concepciones de enseñanza se utiliza el Inventario Atribucional de Teorías Implícitas del profesorado sobre la enseñanza, elaborado por Rodrigo y otros (1993). Este instrumento está compuesto por 33 frases autorreferenciales que se puntúan mediante la escala Likert de cinco puntos y corresponden a las siguientes teorías: Teoría dependiente, Teoría productiva, Teoría expresiva y Teoría interpretativa.

Cada escala presenta así un puntaje máximo teórico de 56 puntos para aquellas de 7 ítems y de 48 puntos para las de 6 ítems. El puntaje mínimo teórico para todas las escalas es de 0 puntos. Los resultados de Rodrigo (1993) respecto de la correlación media de todas las teorías es r = .83 con un nivel de significación de p = .001 (muestra 100 docentes EGB).

Conclusiones principales

1. El docente configura intencionalmente su práctica como mediador entre los conocimientos a adquirir por los estudiantes y las capacidades de apropiación de estos.

El 64% de los docentes de la carrera de Medicina (16 profesores) configura su práctica de enseñanza conforme a un modelo de "práctica docente como comprensión de significados". Este tipo de prácticas docentes rescata la importancia de reconocer, tanto en el docente como en los alumnos, su capacidad para procesar la información a la que somos sometidos en cada instante por la interrelación que se produce con el contexto social. En este sentido, se trata de docentes que asumen la explícita intención pedagógica de relevar los conocimientos previos de los estudiantes, identificar sus necesidades e intereses y adaptar los materiales de trabajo y actividades académicas a dichas características relevadas. Estos profesores pretenden intervenir sobre las variables contextuales que interfieren en la vida del aula, orientando diferentes aspectos (el tiempo destinado al desarrollo de las diferentes actividades académicas, la utilización del espacio, los segmentos de intercambio, entre otros) a las expectativas de trabajo definidas. Asimismo, son docentes que piensan la enseñanza como una actividad por la que se debe favorecer la participación activa del alumnado en el proceso educativo y ante la cual el docente debe disponer de principios de procedimiento y valores que presidan su intervención y le otorguen intencionalidad pedagógica.

2. El espacio físico condiciona la actuación del docente en el aula.

La práctica docente como comprensión de significados sustentada en una concepción de la enseñanza con base en las teorías expresiva e interpretativa, se da con mayor frecuencia en el contexto del aula que en el contexto de los hospitales (donde los estudiantes interactúan con los pacientes) y en las asignaturas del ciclo básico de la carrera de Medicina. Podría inferirse que la mediación del docente entre el alumno y el conocimiento a apropiar pretende servir de andamio o soporte para favorecer un aprendizaje significativo por parte de los estudiantes, que no desvirtúe la naturaleza del conocimiento experto esperado y que permita incentivar el desarrollo de ciertas competencias explícitamente reconocidas como necesarias, en la formación inicial del médico. Esta mediación docente permitiría crear las bases para que puedan recibir y comprender los contenidos de la formación clínica. Contrariamente, en contextos físicos hospitalarios, donde se desarrollan la mayoría de las asignaturas del ciclo clínico, la configuración de la intervención docente prevalente es "la práctica docente como espacio de intercambios socioculturales" (la cual se presenta en 8 de los 11 docentes que desarrollan su actividad en el ciclo clínico de la carrera). Aquí la mediación entre los conocimientos a apropiar y los estudiantes se produce en el contexto de los intercambios socioculturales que se genera en torno a los pacientes. En una relación dialéctica entre la teoría y la práctica, el *conocimiento se construye en la acción* (Schön, 1992). Estos docentes adscriben a una concepción de enseñanza descentralizada, construida en base a espacios de negociación constante de significados y expectativas de trabajo, relación dialógica permanente entre los estudiantes, con los pacientes, con el docente y con la realidad que se configura y determina las orientaciones del proceso educativo. Son prácticas esencialmente ecológicas donde todas las dimensiones que se presentan en el espacio de trabajo determinan un clima psicosocial de intercambios y construcciones cooperativas.

3. La planificación constituye parte de la tarea que desarrollan los profesores universitarios.

Se evidenció, tanto en la observación de las prácticas docentes como en el relevamiento de las concepciones de enseñanza, una intención explícita del docente por definir las expectativas de trabajo de cada clase. Esta explicitación da cuenta de la toma de decisiones proactiva que realiza el docente, la que en la mayoría de los casos se negocia con los estudiantes conforme a sus intereses y conocimientos previos.

4. Se puede advertir que aquellos profesores que configuran su intervención docente conforme al modelo de *la práctica docente como comprensión de significados* presentan una relación directa con las representaciones mentales que poseen sobre la enseñanza.

Se trata de docentes que tienen explícitas intenciones pedagógicas al abordar el proceso de enseñanza tanto en términos de los resultados de aprendizaje esperados como en el reconocimiento de los intereses, necesidades y conocimientos previos de los estudiantes, a los fines de adecuar la organización de las actividades académicas a un espacio de construcción y de intercambios en torno al objeto de estudio propuesto. Tanto en su concepción de la enseñanza como en su actuación se relevan regularidades referidas a:

a. *La intencionalidad pedagógica en su intervención docente* materializada en el programa de la asignatura (al cual se hace referencia verbal) y en recursos didácticos que se emplean en el aula (guías de aprendizaje, diapositivas, fotos, láminas).

b. *La preocupación evidente por negociar con los estudiantes las expectativas de trabajo* para orientar el tiempo de las actividades previstas y su organización. Una frase que evidencia esta preocupación con la que todos los docentes observados se encuentran es "en mis clases siempre seleccionamos los textos y materiales para trabajar según los objetivos que hemos propuesto y previa discusión entre todos en clase".

c. *La evaluación de los alumnos durante la clase mediante el interrogatorio* como mecanismo para evaluar el nivel de comprensión y tomar decisiones respecto de los temas a reforzar, revisar o ajustar.

5. Los docentes que presentan, en su concepción de la enseñanza o en su práctica docente, evidencias de una mirada técnica no establecen relación de continuidad entre su actuación y su percepción.

Durante muchos años la mirada técnica de la enseñanza, sustentada en un modelo educativo donde el comportamiento del profesor aparece relacionado con el rendimiento del alumno fue el estilo de enseñanza prevalente en la manera de comprender y actuar la docencia y en los programas de capacitación profesional. Esta rutinización de técnicas de intervención docente para la obtención de resultados de aprendizaje específicos, aún caracteriza la práctica profesional de algunos docentes que, ante situaciones divergentes, se encuentran limitados para afrontarlas con diferentes perspectivas de intervención. Concebir la vida en el aula desde una racionalidad técnica genera como problema fundamental el enfrentarse a una realidad compleja, incierta y cambiante que se resiste a ser encasillada. Estos docentes desarrollan una práctica rutinaria en el aula aunque exponen una teoría acerca de su concepción sobre la enseñanza que dista de dicha práctica técnica, incorporando elementos propios de teorías expresivas e interpretativas de la enseñanza.

6. Los programas de capacitación, perfeccionamiento y actualización docente deben poner el acento en promover la reflexión del docente sobre sus prácticas y

concepciones de la enseñanza aceptando el pluralismo profesional como una manera de abordar la didáctica del nivel superior.

Al admitir que cada práctica docente es singular se impone la necesidad de que cada uno construya su concepción de enseñanza conforme a conocimientos formales, intuitivos, reflexivos. Su concepción de la enseñanza implica orientar las políticas de perfeccionamiento docente hacia la promoción del pensamiento reflexivo, la toma de conciencia de esas estrategias cognitivas con que opera el docente en la configuración de la enseñanza. Si los programas de formación docente no apuntan a promover la autorreflexión como punto de partida para la comprensión de sus estrategias de enseñanza y sus limitaciones y, desde allí, a favorecer la toma de conciencia sobre la necesidad de asumir un rol docente con conocimiento científico, con autonomía de gestión y con responsabilidad sobre sus intervenciones, no se puede esperar de los estudiantes que alcancen tales competencias profesionales.

Se plantea un nuevo tema a profundizar mediante la investigación, referido a posibles modalidades para el diseño de programas de formación docente. Programas que resulten facilitadores de prácticas reflexivas, procurando que los profesores tomen conciencia de sus propias maneras de pensar y actuar en torno a la tarea docente. Estas propuestas deberían propiciar entornos cooperativos en los que la revisión crítica de las propias prácticas sea resignificada desde la especificidad del campo profesional convocante.

Bibliografía

ATKINSON, T.; CLAXTON, G. (2002). *El profesor intuitivo*. Barcelona: Octaedro.
AUGUSTOWSKY, G. (2005). *Las paredes del aula*. Buenos Aires: Amorrortu.
CAMILLIONI, A.; CELMAN, S.; LITWIN, E.; PALOU DE MATÉ, C. (1998). *La evaluación de los aprendizajes en el debate didáctico contemporáneo*. Buenos Aires: Paidós.
CARRETERO, M. (1991). "La investigación europea sobre enseñanza y aprendizaje". En Carretero, M.; Bennnett, N.; Järvinen, A.; Pope, M.; Ropo, E. *Procesos de enseñanza y aprendizaje*. Buenos Aires: Aique.
CLARK, C.; YINGER, R. (1979). "Three studies of teacher planning". East Lansing, Institute for Research on Teaching, Michigan State University, Research Series (55).
COLLS, C.; PALACIOS, J.; MARCHESI, A. (2004). *Desarrollo psicológico y educación*. Tomo II. Madrid: Alianza.
FELDMAN, M. (2004). "Resources in Emerging Structures and Processes of Change". Organization Science 15 (3): 295-309.
HARGREAVES, A.; EARL, L.; MOORE, S.; MANNING, F. (2001). *Aprender a cambiar*. Barcelona: Octaedro.
KEMBER, D. (1997). "A reconceptualization of the research into university academic´s conceptions of teaching". Learning and Instruction, 7(3): 255-275.
MURRAY, K.; MACDONALD, R. (1997). "The disjunction between lecturers´ conceptions of teaching and their claimed educational practice". Higher Education 33 (3): 331-349.

MOLPECERES, M.; CHULVI, B.; BERNAD, J.C. (2004). *Concepciones sobre la enseñanza y prácticas docentes en un sistema educativo en transformación: un análisis en los PGS*. Organización Internacional del Trabajo. Centro Interamericano de investigación y documentación sobre formación docente. España.

POZO MUNICIO, I. (2001). *Aprendices y maestros, la nueva cultura del aprendizaje*. Madrid: Alianza.

PÉREZ GÓMEZ, A. (1989). *La enseñanza: su teoría y su práctica*. Madrid: Akal.

PRATT, D. D. (1992). "Conceptions of teaching. Adult Education Quarterly". 42 (4): 203-220. A Reconceptualisation of the research into university academics´ conceptions of teaching.

RODRIGO, M. J.; RODRÍGUEZ, A. y MARRERO, J. (1993). *Las teorías implícitas: una aproximación al conocimiento cotidiano*. Madrid: Aprendizaje/Visor.

SAMUELOWICZ, K. (2001). "Revisiting academics´ beliefs about teaching and learning". Higher Education 41: 299-325.

SANJURJO, L.; VERA, M.; AVENDAÑO, F. (1994). "Aprendizaje significativo y enseñanza en los niveles medio y superior". Publicación Rosario: Homo Sapiens.

SCHÖN, D. (1992). *La Formación de Profesionales Reflexivos*. Barcelona: Paidós.

TILLEMA, H. (2005). "Facing dilemmas: teacher-educators´ ways of constructing a pedagogy of teacher education". 10 (2): 203-217.

WITTROCK, M. (1986). *Handbook of research on teaching*. American Educational Research Association Macmillan.

ZABALZA, M. A. (2004). *La enseñanza universitaria. El escenario y sus protagonistas*. Ediciones Narcea.

CAPÍTULO 2
EL PROYECTO LECTOR EN LA UNIVERSIDAD: PRESCRIPCIONES Y CONSTRUCCIONES

Luchetti, María Fabiana[1]*;*
Dorronzoro, María Ignacia[2]
2006

El presente trabajo da cuenta de una investigación llevada a cabo en la Universidad Nacional de Luján, que aborda la problemática relacionada con las dificultades de comprensión de los textos académicos, propios del ámbito disciplinar en el que se pretende insertar a los estudiantes universitarios. Con tal motivo, se dará cuenta del trabajo realizado en el marco de una investigación cuyo objeto de estudio fue el "proyecto lector" que subyace a las prácticas de referencia de la universidad; concretamente, las posibles relaciones entre el propósito de lectura asignado por el contexto académico y el propósito lector de los estudiantes.

Marco teórico

El modelo de referencia adoptado se apoya en el Interaccionismo Social de Vygotsky y la Semiología de Bajtín (Vigotski, 1988; Bajtín, 1982), a partir del cual se concibe a *la lectura* como una actividad del lenguaje, cuya finalidad es la construcción de sentido y es resultante de

---

[1] Universidad Nacional de Luján.
[2] Universidad Nacional de Luján.

un aprendizaje social. Se encontrará determinada, por lo tanto, por las prácticas de la esfera de actividad en la que se origina. Dentro de este marco, cada lugar social condicionaría ciertas metas de la acción verbal como así también los roles de los participantes de la comunicación. En el caso de la universidad, desde esta perspectiva, la institución comunica, solicita y permite usos particulares de la lengua escrita a través de las diferentes formas de discurso que se registran y se articulan con la actividad propia del contexto: la construcción, transmisión y apropiación de conocimientos en un determinado campo disciplinar.

En esta perspectiva, en la que la práctica de la lectura se entiende sólo en relación con la actividad en la cual encuentra su motivo, adquiere una particular importancia el concepto de *proyecto lector,* al que definimos como la construcción personal que el sujeto realiza en interacción con el contexto, con respecto a los motivos y finalidades con los cuales aborda determinado tipo de escrito relacionado con una actividad particular. A partir de estos principios, el propósito lector se presenta entonces como un elemento esencial, ya que determinará la particularidad de las prácticas dentro de cada esfera de la actividad humana. Efectivamente, se lee y se escribe de determinada manera según para qué se haga. En este sentido, creemos que, tal como lo sostienen Anderson y Teale: "las motivaciones y los objetivos son parte intrínseca de los procesos de lectura y escritura y no pueden ser abstraídos sin que se pierdan características que son esenciales en cualquier intento para analizar y por lo tanto, comprender, la lecto-escritura y su desarrollo" (Anderson y Teale, 1998: 275).

En cuanto al concepto de *representaciones sociales*, nos apoyamos en la perspectiva de la psicología social a partir de la cual Jodelet concibe a las representaciones sociales como formas de conocimiento socialmente elaboradas y compartidas con una finalidad práctica, y que colaboran en la construcción de una realidad común para un conjunto social. Se trata de sistemas de interpretación que guían nuestra relación con el mundo y con los otros, orientan y organizan las conductas y las comunicaciones sociales (Jodelet, 1989: 36). De hecho, numerosos especialistas han abordado su estudio en el campo de la lectura, entre ellos di Stéfano y Pereira, quienes analizaron la influencia de las representaciones en la selección de las operaciones cognitivas puestas en juego en las prácticas lectoras de los estudiantes universitarios (di Stéfano y Pereira, 1998: 320).

La decisión de trabajar con representaciones impone, según nuestra opinión, una observación en cuanto a la metodología empleada en este trabajo, cuyo corpus se conforma exclusivamente de entrevistas realizadas a los estudiantes. Retomando los conceptos de Chartier y otros, asumimos que las prácticas declaradas por los informantes de las entrevistas posiblemente no ofrezcan una imagen fiel de las efectivamente realizadas, dada la complejidad que reviste la actividad misma de comprensión del escrito (Chartier et al., 1993: 75 y ss.). De este modo, resulta insoslayable aceptar la distancia entre lo hecho y lo declarado, lo que nos remite a adoptar una postura de suma precaución cuando interrogamos la concepción de lectura que subyace a las entrevistas.

Aspectos metodológicos

En primer lugar, creemos necesario precisar los objetivos generales de la investigación:

*Identificar el proyecto lector que subyace a las prácticas sociales de referencia del contexto universitario, en la Licenciatura de Ciencias de la Educación.

*Describir motivaciones y objetivos (proyecto de lectura) de los estudiantes de esta carrera cuando abordan el material propio del contexto.

En cuanto al tipo de investigación diremos que se trata de un estudio descriptivo y cualitativo, ya que se trabaja en profundidad con un número acotado de casos en los que se privilegian determinados aspectos para un análisis detallado.

El objeto de estudio se inscribe en la situación didáctica particular de la universidad, entendida como el marco de la interacción entre el objeto de conocimiento, el docente y el sujeto del aprendizaje. Dentro de esta perspectiva las dimensiones de análisis consideradas y sus variables son:

Dimensiones de análisis	Variables
Las prácticas docentes	1. Usos asignados a la lectura. 2. Integración de la lectura con los contenidos disciplinares. 3. Concepción de aprendizaje 4. (explícita y subyacente).
El estudiante de Ciencias de la Educación	1. Motivos. 2. Propósitos de la lectura en el contexto universitario.
Textos académicos de Ciencias de la Educación	1. Su relación con el campo disciplinar. 2. Su relación con los contenidos del programa. 3. Su naturaleza (primarios o secundarios).

El análisis se llevará a cabo sobre una muestra de informantes y un corpus de material escrito. La muestra de informantes se compone de alumnos y docentes de la carrera de Ciencias de la Educación de la Universidad Nacional de Luján. En el caso de los alumnos, se trata de diez ingresantes y diez estudiantes del último cuatrimestre de la carrera. En cuanto a los docentes, se han seleccionado un profesor y un auxiliar de cada una de las materias previstas en el plan de estudios para el primer y último cuatrimestre del tronco común de la carrera.

En lo que concierne al corpus de material escrito, se conforma de los textos que los docentes entrevistados ofrecen a sus estudiantes, los programas de las materias, las guías de lectura propuestas y las evaluaciones diseñadas. En lo referido a la muestra textual empírica, para la selección de los textos propuestos en las materias designadas para el análisis se utilizará el criterio de *muestreo teórico*, por lo cual en una primera etapa se seleccionará un número reducido de textos a partir de los criterios definidos por la tipología textual adoptada para esta investigación. Una vez realizado el análisis de textos se decidirá qué nuevos textos serán necesarios de seleccionar hasta llegar a la saturación teórica. Por esta razón resulta difícil de precisar la cantidad exacta de textos a analizar, aunque sí se puede adelantar que la tarea se realizará sobre al menos cinco textos correspondientes a cada una de las categorías de la tipología adoptada.

Conclusiones

En esta ocasión presentaremos algunas conclusiones provisorias referidas específicamente a las representaciones sobre la lectura puestas de manifiesto por la primera muestra de informantes analizada. Estas han sido obtenidas a partir del análisis de las respuestas dadas a la entrevista semidirigida realizada durante el primer cuatrimestre de 2006, muestra de diez alumnos ingresantes a la carrera de Ciencias de la Educación de la Universidad Nacional de Luján (10% de la población total de ingreso en la sede central). Del instrumento diseñado para esta prueba, se analizan las preguntas correspondientes a la primera variable: ¿Para qué se lee en la universidad? ¿Qué entiende por "leer para aprender"? ¿Se lee de una forma especial para aprender? En la universidad, ¿se debe leer de una forma especial, diferente de como se lee en la escuela?

En lo concerniente a los criterios utilizados para el análisis (realizado a partir de los principios metodológicos del Análisis del Discurso) se agrupan las respuestas en torno a tres interrogantes: *para qué, qué y cómo* se lee en la universidad.

En relación con el *para qué*, entendemos que es pertinente abordarlo ya que nuestra reflexión se refiere no sólo a la lectura, sino a un tipo particular de práctica lectora: aquella que se realiza con la finalidad específica de apropiarse y construir conocimiento. Ocupándonos del *qué*, diremos que la intencionalidad a la que aludimos se pone en juego en relación con los textos, lo que hace necesario indagar sobre las concepciones de lectura para aprender remitiéndose a los objetos con los que se efectiviza esa finalidad. Finalmente, teniendo en cuenta que la lectura es una actividad eminentemente procedural, y que tanto las finalidades como los textos suponen prácticas específicas, es que nos interesamos sobre el *cómo* se lee para aprender.

En este caso, por razones de espacio, no nos detendremos en la descripción de los datos obtenidos y pasaremos directamente a la interpretación que hemos hecho de ellos. Comencemos entonces con el *para qué* leen. En este aspecto, los datos obtenidos serían los indicios de una representación en función de la cual la práctica de la lectura en la universidad estaría fuertemente encuadrada en lo institucional, enmarcada en un proceso de formación, indisociable del contexto de estudio donde los usos de la lengua escrita estarían muy pautados y serían respetados por los estudiantes. La elevada frecuencia en las respuestas del verbo *adquirir* nos hace pensar en una actitud receptiva del estudiante frente a lo desconocido, actitud por la cual parecería disponerse a ser *transformado* por la educación, instruido, cultivado (Chartier et al., 1993: 96). En dos casos se presenta como finalidad de la práctica la evaluación de lo que se lee, es decir que se lee *para* ser evaluado. Por otra parte, también sólo en dos ocurrencias se emplean términos que explicitan una actitud menos subordinada a la prescripción, e incluso esas respuestas se dan únicamente después de haber planteado la pauta de la institución.

Respecto del *qué* se lee, los términos que explicitan los objetos de la práctica de lectura estarían fortaleciendo la misma representación que identificamos para el criterio anterior, es decir, la de una lectura absolutamente formalizada ya que, en todos los casos, lo que se lee está legitimado por la institución y se limita a lo que los docentes han solicitado. Sólo en un caso se alude a la necesidad de consultar bibliografía que no fue indicada por los profesores. En este mismo sentido nos parece importante señalar que, para estos ingresantes, en la universidad todo lo que se lee devendría en contenido del proceso de formación disciplinar en el que están insertos. De los datos recogidos podría inferirse una concepción bastante parcializada, fragmentada del campo disciplinar, que aparecería como una yuxtaposición de saberes, de esos *conocimientos específicos* que los estudiantes mencionan. La característica que atribuyen a lo que leen es la novedad, la capacidad de ampliar lo conocido. Sin embargo, no se alude a la relación entre todos los *qué* leídos, ni a posibles vínculos que les permitan pensar en una totalidad.

Para terminar, y en lo concerniente al *cómo se lee*, en algunas respuestas aparece cierta idea de proceso, asociado a las *operaciones* puestas en juego en la lectura o a partir de ella. Aquí se encuentra nuevamente la idea de evaluación y de aprendizaje. Por otra parte, se reitera la referencia a la repetición como requisito para la comprensión. En algunos casos se evidencian contradicciones atinentes a las características diferenciales de las prácticas en el nivel medio y en la universidad. En el mismo sentido, algunos alumnos caracterizan la lectura en la universidad como eminentemente individual, en tanto que otros la privilegian como una práctica colectiva. Finalmente, una minoría vincula esta práctica con la producción oral o escrita simultánea. En la mayoría de los casos en los que se alude al proceso, se da por sentado que la lectura garantiza el aprendizaje, si bien esa práctica debe responder a ciertas características: concentración, comprensión, compromiso, siendo sólo un caso el que lo pone en duda. La idea de repetición como principal estrategia de la práctica lectora en la universidad (incluso que la contrapone al estudio memorístico del nivel medio) pondría de manifiesto una representación de ella que tiende a reproducir el sentido del texto buscando una fusión con el autor. Pareciera que los mayores obstáculos que registran los estudiantes para el éxito del proceso de lectura se refieren básicamente a la carencia de conocimientos puntuales que ellos creen deberían traer de los otros niveles educativos. Finalmente, si bien en algunas ocurrencias se hace referencia a una lectura crítica, en ningún caso se observan detalles de lo que se entiende por *crítica* ni del trabajo intelectual que ésta exige o supone.

A modo de conclusión, presentamos la concepción de lectura, de carácter provisorio, que nos parece representativa de la muestra estudiada y que hemos podido inferir a partir del análisis expuesto. Se trataría de una lectura encuadrada en un marco institucional sumamente prescriptivo en cuanto a los usos y finalidades del escrito, que el estudiante debe aceptar si quiere apropiarse de lo que la institución le ofrece. Esta representación, a pesar de sus diferentes matices, es compartida y plantea la existencia de una realidad difícil de transitar, por lo que la finalidad efectiva de esta representación sería la de adaptarse al nuevo contexto. En esa representación la lectura cobraría existencia en función de la evaluación que de ella hace la institución. Por otra parte, parecería que la lectura académica no implica una construcción de sentido y que se lleva a cabo sólo sobre objetos especialmente previstos para tal fin, por lo tanto no abarcaría escritos que no estuvieran diseñados para ello. Asimismo, no cabría la posibilidad de establecer entre esos objetos más relación que la que viene dada por el contexto, la de pertenecer a un campo disciplinar: la práctica en sí no se basaría ni procuraría establecer estos vínculos. Dentro de esta concepción, la lectura aseguraría el aprendizaje o apropiación del objeto de conocimiento "leído", a condición de que se lleve a cabo repetidamente, con concentración y que dé cuenta de comprensión.

Entendemos que esta concepción formulada se ve sometida en los ingresantes a un proceso de "choque" (en palabras de los informantes) y transición. En efecto, si asumimos que las representaciones se construyen por juegos de confrontación, el ingresante se ve sometido a esta dinámica, ya que su concepción obedece tanto a determinaciones previas como a actuales.

En definitiva, si consideramos que las representaciones, como organizadoras de la conducta, producen y reproducen prácticas, resulta imprescindible la intervención explícita del medio institucional en el diseño de situaciones favorables para el aprendizaje de las prácticas de lectura y escritura académicas, propias de la comunidad disciplinar en la que el estudiante pretende ingresar.

Bibliografía

ANDERSON, A; TEALE, W. (1998). "La lecto-escritura como práctica cultural". En *Nuevas perspectivas sobre los procesos de lectura y escritura*. Ferreiro, E. y Gómez Palacio, M. México: Siglo XXI.

BAJTÍN, M. (1982). *Estética de la creación verbal*. México: Siglo XXI.

CHARTIER, A. M.; DEBAYLE, J.; JACHIMOWICZ, M. P. (1993). "Lectures pratiquées et lectures déclarées: réflexions autour d'une enquête sur les étudiants en IUFM". En *Les étudiants et la lectura*. Fraisse, E. (dir.). París: Presses Universitaires Françaises.

DI STEFANO, M.; PEREIRA, C. (1998). "Representaciones sociales en el proceso de lectura". Revista Signo & Seña. Instituto de Lingüística, UBA. Pp. 318-340.

JODELET, D. (1989). "Représentations sociales: un domaine en expansión". En Jodelet, D. (dir.). *Les représentations sociales*. Francia: PUF.

QUIVY, R.; CAMPENHOUDT, L. (1995). *Manuel de recherche en sciences sociales*. París: Dunod.

VYGOTSKY, L. (s/d). *Pensamiento y Lenguaje*. Buenos Aires:
— (1988). *El desarrollo de los procesos psicológicos superiores*. Barcelona:

CAPÍTULO 3
LA ESCRITURA ACADÉMICA EN EL AULA UNIVERSITARIA

Capomagi, Diana[1]
2014

La escritura posee un valor epistémico que la convierte en una herramienta capaz de construir conocimiento y no sólo de reproducirlo. Sin embargo, es reconocida la preocupación de los profesores universitarios por las dificultades que los estudiantes manifiestan en las prácticas de producción textual, situación que en muchas ocasiones lleva a la deserción o al fracaso en los exámenes (Arnoux et al., 2002 y Carlino, 2005). Por su parte, Castelló (2009) expresa que actividades de escritura como informes, síntesis, monografías y resolución de casos, aparecen como requerimiento evaluativo sin haber sido previamente enseñada la estructura de este tipo de producciones académicas.

Surgen entonces algunas inquietudes acerca del ingreso de los estudiantes a la cultura académica que la universidad exige:

¿Cómo logra el estudiante su inserción en una cultura que le es inédita hasta ese momento?

¿Qué lugar ocupan las habilidades de expresión en dicho proceso?

¿Cuál es el papel de la escritura?

¿Cuál es el papel de los profesores?

---

[1] Universidad Abierta Interamericana.

Éstas son sólo una muestra de una infinidad de preguntas que surgen al intentar comprender de qué manera se desarrolla el proceso de formación de los futuros profesionales. Como una primera respuesta, y en coincidencia con la postura de Saad Lucchesi (2005) en relación con la misión de la universidad, es necesario que los estudiantes adquieran las competencias para producir conocimiento científico y difundirlo, ya que la universidad no sólo es responsable de la producción y transformación del conocimiento sino también de su socialización.

En ese sentido, la escritura es esencial para efectivizar la difusión del conocimiento sin importar su disciplina de origen, porque ayuda a estructurar el pensamiento, reelaborar los conceptos y transferirlos. El aula universitaria se convierte así en uno de los ámbitos privilegiados para que se desarrollen las prácticas de escritura. El presente trabajo se centra en el análisis de las prácticas de escritura en la universidad, y de qué manera las asumen los propios docentes como parte de su tarea.

Material y métodos

El trabajo de investigación fue realizado en la carrera de Abogacía de una universidad privada de la Ciudad Autónoma de Buenos Aires, Argentina. Se trató de un estudio descriptivo con abordaje cualitativo mediante la estrategia de estudio comparativo de casos. El estudio de casos constituye una herramienta metodológica empleada para describir exhaustivamente la ocurrencia de un problema o un fenómeno dentro de un contexto definido por el investigador. Las técnicas para recoger información fueron observación, análisis de documentos y entrevistas a docentes.

El universo lo integran 53 profesores de la carrera de Abogacía de una universidad privada argentina, que conforman la totalidad del claustro. Las unidades de análisis las constituyen cuatro profesores. Resulta una muestra intencional, cuyo criterio de selección radica en que cada profesor se encuentre a cargo de una asignatura considerada instancia crítica en la formación de los abogados y que, al mismo tiempo, sean asignaturas de diferentes años del plan de estudios: Derechos Reales, Derecho Procesal (parte general), Derecho Constitucional II, Introducción al Pensamiento Científico.

Desarrollo del tema

Promover la escritura significa dar la oportunidad a quien escribe de descubrir el valor de transformar el conocimiento que se tiene en una práctica discursiva reflexiva y autorregulada. Los materiales de lectura y los escritos habituales en la universidad pertenecen a los llamados géneros académicos. Según Cassany (2006: 23) el interés por estudiar cada género radica en que al conocer cómo es y cómo funciona se puede mejorar su enseñanza y su aprendizaje, dado que *aprender a utilizar un género es aprender a desarrollar las prácticas profesionales que se desarrollan en él.*

Para los profesores universitarios, favorecer prácticas de escritura resulta un desafío, como también intentar que los estudiantes se transformen en escritores competentes de los géneros académicos correspondientes a su campo profesional. Esta actividad intelectual, de orden superior, requiere que el estudiante renueve, revise y adapte sus esquemas cognitivos en forma continua. Es en la mediación entre el conocimiento disciplinar específico, la puesta en texto de ese conocimiento y la posibilidad de enriquecer el pensamiento, donde adquiere relevancia la intervención docente. La alfabetización académica supone el compromiso de cada una de las cátedras para abrir las puertas de la cultura de la disciplina que enseñan, a fin de que puedan ingresar los estudiantes que provienen de otras culturas.

A los efectos de relevar las acciones llevadas adelante por los docentes y su propia concepción con respecto a la función de la escritura, se construyó una guía de observación con base en las cuatro competencias de escritura que deberían adquirir los estudiantes universitarios según Castelló (2009); las cuales, para este estudio, son las cuatro dimensiones de la unidad de análisis.

1. Concebir y utilizar la escritura como herramienta de aprendizaje y pensamiento.

2. Conocer y regular las actividades implicadas en el proceso de composición de textos académicos.

3. Conocer la comunidad científica y dialogar con otros textos académicos.

4. Escribir desde y para una comunidad discursiva de referencia (Anexo 1).

Asimismo, se realizaron entrevistas semiestructuradas para recoger información sobre las concepciones de los profesores acerca de la enseñanza de habilidades que facilitan la expresión escrita, cuya estructura interna contiene diecisiete apartados coincidentes con las variables relevadas en las observaciones de clases (Anexo 2).

Por último, se cotejó la presencia o ausencia de las dimensiones de análisis construidas en el material didáctico elaborado por el profesor (programas de asignaturas; guías de trabajos prácticos, exámenes parciales) (Anexo 3).

Apartado para el análisis de uno de los componentes de la investigación

A los efectos didácticos de contribuir al proceso de investigación, nos parece interesante destacar cómo se arribó a la construcción de las categorías que favorecieron el análisis de las prácticas sobre escritura académica.

Partiendo de la concepción epistémica de la escritura (Castelló, 2006, 2009), se la considera poseedora de un valor epistémico que la convierte en una herramienta capaz de construir conocimiento y no sólo de reproducirlo. Escribir implica revisar, ampliar, contrastar y reorganizar el propio conocimiento, mediante ajustes continuos a la situación comunicativa que pueden devenir en nuevos conocimientos.

Al respecto, ¿qué competencias de escritura debe adquirir un estudiante universitario? Según Castelló (2009):

*Concebir y utilizar la escritura como herramienta de aprendizaje y pensamiento.

Escribir exige el dominio de convenciones lingüísticas y textuales que restringen las formas posibles de expresar lo que uno quiere. Implica conocer y respetar los modos de escribir y las convenciones de la propia disciplina. Esta competencia exige tomar decisiones con respecto a qué decir y cómo hacerlo en función de un conjunto de variables que tienen relación con la situación comunicativa en la que el texto se inserta.

*Conocer y regular las actividades implicadas en el proceso de composición de textos académicos.

La escritura de textos académicos es un proceso largo y complejo que requiere de una intensa actividad cognitiva para buscar información, seleccionar la que se considera más relevante, ordenar y organizar esa información y ensayar varias formulaciones sobre el papel hasta llegar al texto final. El proceso cognitivo implica actividades de planificación y de control mientras se escribe y de revisión de lo escrito. Desarrollar esta competencia requiere que los estudiantes distingan entre *escritura privada* y *escritura pública*. La primera incluye tomar notas, elaborarlas y sintetizarlas por escrito. Mientras que la escritura pública se elabora para compartir con destinatarios determinados; por ejemplo monografías, ensayos, reseñas, informes y tesis, entre otros.

*Conocer la comunidad científica y consultar otros textos académicos.

Esta competencia lleva implícito cómo hacer las citas de autor para evitar los plagios. La comprensión profunda de textos-fuente requiere que los docentes lo contemplen en sus planificaciones a través de ejercitaciones precisas. El objetivo será que cada estudiante/profesional genere su propia voz dentro del campo disciplinar que lo convoca.

*Escribir desde y para una comunidad discursiva de referencia.

La gran mayoría de los textos académicos persiguen dos grandes tipos de propósitos: exponer/explicar y argumentar. Los alumnos deben saber en qué consiste una exposición y una explicación o una argumentación y ser competentes en el uso de estrategias que permitan que sus textos cumplan con dichos objetivos. En el caso de la exposición y la explicación, se requiere la integración de un número variable de fuentes a partir de un eje que ordene y estructure la información de un modo claro y coherente. El argumentativo es el texto que busca convencer a partir de fundamentos sólidos que implican un posicionamiento personal, tal como pueden ser un discurso político, una defensa jurídica, una columna de opinión, entre otros.

Y fueron estas cuatro competencias las que nos permitieron armar la estructura para la guía de las observaciones de clases y de las entrevistas. Consideramos que en este hallazgo es donde radica lo más significativo de este estudio, dado que para hacer el trabajo de campo era necesario saber a priori en dónde poner mayor atención, aunque se tratara de un estudio de tipo cualitativo, y sabiendo que es en la experiencia donde surgen los rasgos más destacados a tener en cuenta.

Así delineamos: ¿cómo orientar la enseñanza para la adquisición de competencias de escritura?

Reestructuración de la información de los textos (Tynjäla et al., 2001)

Instrumento: consignas.

*Si se entiende el aprendizaje como un proceso constructivo es factible que se promueva este proceso a partir de la reestructuración de la información de los textos.

*Las consignas pueden constituirse en uno de los instrumentos con que orientar el esfuerzo cognitivo y el aprendizaje.

Escritura: proceso de elaboración, reelaboración y revisión de borradores (Castelló, 2006)

Uso de guías.

*Para que los estudiantes escriban textos acordes con lo requerido en el nivel superior es preciso ofrecerles la posibilidad de experimentar la escritura como proceso de elaboración, reelaboración y revisión de borradores.

*El uso de guías puede favorecer la adquisición de estrategias de revisión.

Selección de fuentes de información e integración en un texto coherente (Castelló, 2009)

Trabajos prácticos.

*Para realizar un texto académico se requiere que el estudiante seleccione diversas fuentes de información y las integre de forma coherente en un único texto.

*Los trabajos prácticos o guías diseñados por el docente pueden favorecer la adquisición de esta competencia.

Organización del conocimiento según cada disciplina (Creme y Lea, 2002)

Elaboración de informes, resúmenes, monografías.

*Cada disciplina académica posee su propio método para organizar el conocimiento y formas específicas de escribir. Asimismo, cada disciplina exige la adecuación necesaria del discurso para comunicar el conocimiento de lo que se investiga.

*Elaboración de informes, resúmenes, reseñas, ensayos, proyectos, monografías, son tareas que ayudan al alumno a decidir la estructura de la exposición de sus ideas.

Conclusiones

En el ámbito universitario, la escritura acentúa su carácter heurístico al posibilitar la objetivación, apropiación y producción de saberes. Sin embargo, se la emplea comúnmente para la transmisión de conocimientos y no para profundizar el aprendizaje, empleo que puede deberse al desconocimiento de la función de la escritura. Esta función se pone de manifiesto en el modelo de *transformar el conocimiento* de Scardamalia y Bereiter (1992). Los profesores, según se ha advertido en esta investigación, desaprovecharían el poder epistémico de la escritura. La utilizan en situaciones de evaluación de lo aprendido pero no retroalimentan lo escrito para seguir aprendiendo.

Sería interesante tener en cuenta que el profesor, además de *exponer lo que sabe*, proponga actividades para que los estudiantes reconstruyan los contenidos de la asignatura para favorecer su apropiación. Si se considera que, por ejemplo, en tres de las asignaturas estudiadas para esta investigación el bagaje principal de información gira alrededor de leyes, normas y artículos, se podrían planificar actividades de escritura que comprometan la composición de textos desde un abordaje tanto literario como jurídico. En definitiva, el texto académico requiere de la elaboración de párrafos, frases y citas que van más allá de un número o inciso legal.

A partir de los supuestos que guiaron esta investigación se concluye en que dos de los profesores consideran que los estudiantes aprenden a escribir en niveles previos de enseñanza y la universidad es el ámbito de aprendizaje de contenidos específicos de la carrera, razón por la cual no ponen en práctica estrategias docentes tendientes a enseñar a escribir académicamente. A otro le preocupa y ocupa la expresión oral y escrita de los estudiantes, aunque no sabe cómo contribuir pedagógicamente a su mejoramiento. En cambio, en el último se observa una evidente dedicación a poner en práctica estrategias que favorezcan el desarrollo de la escritura académica. El uso de borradores que promueve en sus alumnos hasta la elaboración definitiva de la monografía, es una de las acciones que muestra en su práctica.

En los cuatro casos, la exposición de contenidos por parte del profesor suele ser la modalidad más extendida en las observaciones registradas, convirtiéndose la oralidad en la expresión privilegiada de las clases. Asimismo, la expresión escrita de los estudiantes se requiere, generalmente, para los exámenes parciales. Sin embargo, se observa en uno de los profesores una incipiente intencionalidad por utilizar la escritura como medio para la enseñanza y el aprendizaje, preocupándole formarse para ello y otro, claramente, recurre a la escritura en instancias que superan la formalidad de un examen parcial.

De la lectura de los programas de asignatura en los casos estudiados se puede deducir que promover la escritura como herramienta de construcción y transformación del conocimiento no se contempla como una propuesta institucional sistematizada. Las acciones que implementan los profesores tienen relación con sus propias concepciones. Dos de ellos no llegan a percibir la posibilidad epistémica que tiene la escritura y por ello no la incorporan entre sus estrategias de enseñanza; no obstante, sí manifiestan la necesidad de que los estudiantes *sepan escribir bien*. En cambio, los otros dos atribuyen al escribir la función de generar y transformar el conocimiento, aunque con evidentes diferencias. Mientras que uno es consciente y busca estrategias para implementarlas desde la asignatura, el otro lo hace de manera más intuitiva y expresa la necesidad de estudiar y adquirir formación pedagógica.

Bibliografía

ALONSO MARTÍN, M. (2010). "Variables del aprendizaje significativo para el desarrollo de las competencias básicas". Disponible en: http://www.aprendizajesignificativo.es/mats/Variables%20del%20aprendizaje%20significativo%20para%20el%20desarrollo%20de%20las%20competencias%20basicas.pdf

ARNOUX, E; DI STÉFANO, M.; PEREIRA, M. C. (2002). *La lectura y la escritura en la universidad.* Buenos Aires: Eudeba.

BENVEGNÚ, M. A.; GALABURRI, M. L.; PASQUAL.E, R.; DORRONZORO, M. I. (2001). "La lectura y escritura como prácticas de la comunidad académica". Ponencia presentada en las I Jornadas sobre la lectura y la escritura como prácticas académicas universitarias. Departamento de Educación de la Universidad Nacional de Luján, Buenos Aires.

CARLINO, P. (2003). "Alfabetización Académica: Un Cambio Necesario, algunas Alternativas Posibles". Educere [en línea], 6 (enero-marzo). Disponible en: www.redalyc.org/articulo.oa?id=35662008

CARLINO, P. (2005). *Escribir, leer y aprender en la universidad. Una introducción a la alfabetización académica.* Buenos Aires: Fondo de Cultura Económica.

CARRETERO, M. (1991). "La investigación europea sobre enseñanza y aprendizaje". En Carretero, M.; Bennnett, N.; Järvinen, A.; Pope, M.; Ropo, E. *Procesos de enseñanza y aprendizaje*. Buenos Aires: Aique.

CASSANY, D. (1999). *Construir la escritura*. Barcelona: Paidós.

CASSANY, D. (2006). *Taller de textos. Leer, escribir y comentar en el aula*. Barcelona: Paidós.

CASSANY, D.; MORALES, O. (2008). "Leer y escribir en la universidad: hacia la lectura y la escritura crítica de géneros científicos". Revista Memoralia. Universidad Nacional Experimental de los Llanos Ezequiel Zamora, Venezuela.

CASTELLÓ, M. (2006). "La escritura epistémica: enseñar a gestionar y regular el proceso de composición escrita". Conferencia invitada al Congreso Internacional de Educación, Investigación y Formación Docente. Universidad de Antioquia, Medellín, Colombia.

CASTELLÓ, M. (2009). "Aprender a escribir textos académicos: ¿copistas, escribas, compiladores o escritores?" En J. I. Pozo y M. P. Pérez Echeverría (coords.). *La Psicología del aprendizaje universitario: de la adquisición de conocimientos a la formación en competencias*. Madrid: Morata.

CLARK, C. M.; YINGER, R. J. (1979). "Teacher`s thinking". En P. L. Peterson y H. J. Walberg. *Research on teaching*. Berkeley, CA: McCutchan.

CREME, P.; LEA, M. (2002). *Escribir en la universidad*. Barcelona: Gedisa.

DE VINCENZI, A. (2009). "Concepciones de enseñanza y su relación con las prácticas docentes: un estudio con profesores universitarios". Educación y

Educadores. Revista de la Facultad de Educación. Universidad de La Sabana 12 (2).

DOYLE, W. (1979). "Classroom tasks and student´s abilities". P. L. Peterson y H. J. Walberg. *Research on teaching.* Berkeley: McCutchan. Pp. 183-209.

GIMENO SACRISTÁN, J. (1988). *El curriculum: una reflexión sobre la práctica.* Madrid: Morata.

GIMENO SACRISTÁN, J.; PÉREZ GOMEZ, A. (1995). *Comprender y transformar la Enseñanza.* Madrid: Morata.

GORDILLO, A. (2001). *El método en derecho. Aprender, enseñar, escribir, crear, hacer.* Madrid: Civitas.

MARCELO, C. (1987). *El pensamiento del profesor.* Barcelona: CEAC.

MARRERO, J. (1993). "Las Teorías Implícitas del profesorado: vínculo entre la cultura y la práctica de la enseñanza". En *Las teorías implícitas. Una aproximación al conocimiento cotidiano.* Rodrigo, M. J.; Rodríguez Pérez, A.; Marrero Acosta, J. (eds.). Madrid: Aprendizaje Visor.

MORALES, O. (2002). "¿Cómo contribuir con el desarrollo de las competencias de los estudiantes universitarios como productores de textos?" Universidad de los Andes. Facultad de Odontología. Mérida: Educere.

MORENO, M.; AZCÁRATE GIMÉNEZ, C. (2003). "Concepciones y creencias de los profesores universitarios de matemáticas acerca de la enseñanza de las educaciones diferenciales". Enseñanza de las Ciencias, 21 (2). Pp. 265-280.

POPE, M. (1991). "La investigación sobre el pensamiento del profesor: una construcción personal". En Carretero, M.; Bennnett, N.; Järvinen, A.; Pope,

M.; Ropo, E. *Procesos de enseñanza y aprendizaje*. Buenos Aires: Aique.

POZO MUNICIO, I. (2001). *Aprendices y maestros, la nueva cultura del aprendizaje*. Madrid: Alianza.

RIESTRA, D. (2002). *Lectura y escritura en la universidad: las consignas de tareas en la planificación de la re-enseñanza de la lengua*. Centro Regional Bariloche. Universidad del Comahue.

RINAUDO, M. C. (1998). *Estudiar y Aprender. Investigaciones sobre la comprensión y aprendizaje de textos*. La Educación. OEA. Año XLI.

RODRIGO, M.; RODRÍGUEZ, A.; MARRERO J. (1993). *Las teorías implícitas: una aproximación al conocimiento cotidiano*. Madrid: Aprendizaje/Visor.

SAAD LUCCHESI, M. (2005). "University in a post-globalization context: public policies for brazilian universities in the early 21st Century". Revista Venezolana de Educación (Educere) 9 (29). Pp. 199-206.

SCARDAMALIA, M.; BEREITER, C. (1992). "Dos modelos explicativos de los procesos de composición escrita". Infancia y Aprendizaje, 58. Pp. 43-64.

STEIMAN, J. (2004). ¿Qué debatimos hoy en didáctica? Buenos Aires: Jorge Baudino Ediciones/ Universidad Nacional de San Martín.

STRONGE, J. (1997). "Evaluating teaching. A guide to current thinking and best practice". London: CorwinPress, Inc. En Milicic, Neva et al. *Diseño, Construcción y Evaluación de una Pauta de Observación de Videos para Evaluar Calidad del Desempeño Docente*.

TYNJÄLÄ, P.; MASON, L.; LONKA, K. (2001). "Writing as a Learning Tool. An Introduction". En Päivi Tynjälä, Lucia Mason y Kirsti Lonka (eds.). *Writing*

as a Learning Tool. Integrating Theory and Practice.
Dordrecht: Kluwer.
TAYLOR, S. J.; BOGDAN, R. (1992). *Introducción a los métodos cualitativos de investigación*. Barcelona: Paidós.
VARGAS FRANCO, A. (2005). "Escribir en la universidad: reflexiones sobre el proceso de composición escrita de textos académicos". Universidad del Valle, Lenguaje 33, 102.

Anexo I. Guía de observación de clases

1. Concebir y utilizar la escritura como herramienta de aprendizaje y pensamiento a. Qué cantidad de actividades de escritura en clase y/o domiciliarias incluye el docente. b. Qué tipo de actividades propone: reproductivas / de reorganización de información / de generación de nueva información. c. De qué manera redacta las consignas de trabajos. d. Cuáles son las operaciones cognitivas complejas implicadas en los ejercicios de escritura que propone: resumir / definir / explicar / justificar / argumentar. e. De qué manera explica a los estudiantes los criterios por los que serán evaluados sus escritos.
2. Conocer y regular las actividades implicadas en el proceso de composición de textos académicos a. Qué tipo de actividades que incluyan la elaboración, reelaboración y revisión de borradores propone el docente. b. Qué tipo de ejercicios de revisión propone: individual / de a pares / grupal. c. Cómo es la corrección y la devolución de los escritos de los estudiantes.
3. Conocer la comunidad científica y dialogar con otros textos académicos a. Con qué tipo de actividades el docente orienta la consulta con las fuentes de información. b. Cómo son los ejercicios y/o prácticos con guías que propone para la elaboración de un texto basado en diferentes fuentes. c. De qué modo enseña cómo hacer las citas bibliográficas.
4. Escribir desde y para una comunidad discursiva de referencia a. A través de qué estrategias el docente da pautas específicas para la elaboración de escritos referidos al campo disciplinar. b. Cómo enseña las normas correspondientes al género jurídico. c. Con qué estrategias enseña el vocabulario técnico específico. d. Qué tipos de tareas en las que el estudiante exponga sus conocimientos sobre los contenidos específicos requiere.

Anexo II. Guía de preguntas para las entrevistas con los sujetos

Presentación del programa en la primera clase. Objetivos, contenidos y metodología de evaluación.	¿Para qué lo hace? ¿Qué alcances de la propuesta explicita? ¿Qué aspectos relacionados con las prácticas de escritura incluye?
Presentación de los ejes profesionales de la Carrera.	¿Cómo los explicita? ¿Se dan ejemplos? ¿Para qué se hace? ¿Los alumnos demuestran interés? ¿Cómo?
Modalidad de evaluación. Tipo de evaluación. Fechas.	¿Cómo se explicitan los criterios? ¿De qué tipo son los criterios? ¿Qué tipos de evaluaciones incluye la cursada?
Uso de correo electrónico. Para que el docente envíe material y se comunique con los alumnos.	¿Qué tipo de material se envía? ¿Qué se espera que los alumnos hagan con ello? ¿Cómo se evalúa su uso?
Bibliografía. Selección de libros. Autores que se trabajarán durante la cursada.	¿Cómo explicita qué tipo de trabajo harán con los textos? ¿Qué señalamientos imparte de cómo hacer la lectura que requiere cada texto? ¿Para qué el uso de códigos en el aula? ¿Para qué el uso de diccionario? ¿En qué casos realiza sugerencias de páginas web? ¿Cómo se trabajan los autores en las clases? ¿Cómo se los hace "dialogar"? ¿Cuándo y cómo enseña a hacer las citas bibliográficas?
Uso de vocabulario técnico/ específico de la asignatura.	¿Cómo enseña el vocabulario técnico/específico? ¿De qué modo lo corrige?

Dinámica de la clase.	¿Cuál es la modalidad para dar clases? ¿Cómo intervienen los alumnos? ¿Qué papel se le asigna a los apuntes? ¿Qué tipo de interacción docente/alumno se da durante las clases?
Actividades en clase.	¿Qué tipo de actividades propone en clase? ¿Qué tipo de presencia tiene la escritura?
Uso de recursos.	¿Pizarrón? ¿Retroproyector? ¿Cañón y notebook? ¿Material impreso? ¿Artículos periodísticos? ¿Capítulos de libros? ¿Fallos? ¿Dictámenes? ¿Sentencias? ¿Películas?
Técnicas de estudio.	¿Cuáles sugiere? ¿Cuándo? ¿De qué modo las enseña?
Propuestas de tareas.	¿Escritas? ¿De estudio? ¿Responder consignas? ¿Se las corrige? ¿Se las pide? ¿Guías de lectura? ¿Guías de estudio? ¿Elaboración de monografías? ¿Cómo se enseña a hacer una monografía? ¿Qué tipo de propuestas de ejercicios se realizan en clase y cuáles a domicilio?
Propuestas de parciales.	Preguntas cerradas. Preguntas abiertas. Preguntas semi estructuradas. Desarrollo de temas. Análisis de fallos. Análisis de textos.

Corrección de parciales.	¿Cómo se hace la devolución de las correcciones? ¿Cómo se califica? ¿En qué se hace más hincapié: en aspectos conceptuales o procedimentales? ¿Cómo se corrigen cuestiones relacionadas con la escritura como práctica comunicacional?
Requisitos para la presentación de trabajos.	A mano. En computadora. Por mail. Con carátula. Tipo de letra.
Preparación de exámenes.	¿Cómo prepara los exámenes? ¿Qué tipo de actividades previas se proponen?
Habilidades que se promueven.	Conceptualización. Análisis. Lectura. Comprensiva. Lectura crítica. Lectura en voz alta. Búsqueda de fuentes. Argumentar. Definir.
Enseñar a escribir.	¿A quién le corresponde enseñar a escribir en la universidad? ¿Cómo se hace? ¿Ventajas, desventajas? ¿Qué es escritura académica? ¿Para qué se solicitan trabajos escritos en la universidad?

Anexo III. Programas de asignaturas

Promoción de prácticas de expresión escrita			
Asignatura	Componente	Presencia	Ausencia
	Objetivos		
	Contenidos de las unidades		
	Metodología de trabajo		
	Bibliografía		

CAPÍTULO 4
ASPECTOS METODOLÓGICOS DE UNA LÍNEA DE INVESTIGACIÓN SOBRE LA ACTIVIDAD DE ESTUDIO EN EL INGRESO A LA UNIVERSIDAD DE BUENOS AIRES

Stasiejko, Halina[1];
Krauth, Karina Edelmys[2];
Pelayo Valente, Loreley[3]
2012

A partir de nuestras experiencias como docentes del ciclo superior se nos han ido generando interrogantes que llevaron a delinear un conjunto de investigaciones desarrolladas desde el año 2006 y actualmente en curso, todas ellas en torno al objetivo de identificar las particularidades que enmarcan el ingreso a la universidad. ¿Con qué dificultades se encuentran los estudiantes en este momento particular de su formación? ¿Por qué estudian? ¿Qué significado atribuyen al estudio universitario? ¿Qué emociones entran en juego? ¿Cómo resuelven las problemáticas emergentes, propias de este proceso? ¿Cómo perciben los docentes a sus estudiantes? ¿Qué estrategias utilizan para colaborar con el proceso de inclusión y permanencia de los estudiantes? ¿Por qué a algunos este ciclo les lleva más tiempo que el estipulado?

Insertarse en la actividad universitaria constituye un momento crucial en el presente y futuro de los aspirantes a la formación superior y posee, como toda

---
[1] UBA. Facultad de Psicología y CBC. UNLu.
[2] UBA. Facultad de Psicología. UBA XXI, Colegio de Psicólogos de la Provincia de Buenos Aires, sede Luján.
[3] UBA. CBC y Programa de Educación a distancia.

actividad social, coordenadas muy propias, suscitándose problemáticas específicas en sus protagonistas que convocan a su análisis.

En el marco de estas especificidades se delinearon tres investigaciones:

1. "Concepciones y sentidos acerca del estudio en *ingresantes* al sistema universitario".

(UBACyT U807 2006-2010). Su objetivo radica en indagar los sentidos y significados que guían las acciones de estudio de los estudiantes, desde sus propias voces.

2. "Concepciones acerca del estudio en *docentes* de ingresantes a la universidad".

(UBACyT 106, 2010-2012). Su objetivo radica en investigar los sentidos que adjudican los docentes de ingresantes a quienes son los participantes de sus cursos.

3. "Concepciones acerca de la *dilación* en el estudio durante el ingreso a la universidad"

(UBACyT 2012-2015). Esta investigación se encuentra en curso y avanza sobre los aspectos vinculados con la permanencia y la dilación en el primer tramo de acceso al sistema universitario.

Consideramos que la exploración realizada permite no sólo comprender algunas dimensiones del proceso de inclusión sino también la posibilidad de diseñar y materializar experiencias áulicas favorecedoras de la inclusión, fundamentadas sobre el análisis de bases empíricas.

Marco teórico

El proceso de investigación que engloba las tres etapas se fundamenta en el enfoque histórico cultural vigotskiano y en ampliaciones desarrolladas por la Teoría de la Actividad (Cole y Engeström, 2001; Daniels, 2003). De acuerdo con tal marco, la actividad de formación universitaria se define como un sistema colectivo conformado por diversos componentes que existen en relación y en tensión durante el transcurso temporal. Actores, reglamentaciones, programas, condiciones, materiales, acciones, formas de evaluación, entre otros, otorgan contexto y significado a la dinámica conjunta producida entre tales unidades disímiles que existen en interacción. De este modo, las acciones realizadas por cada actor sólo cobran sentido si se las analiza en su relación con los otros componentes de la actividad, si se consideran las tensiones y dinámicas que les otorgan contexto.

La experiencia de los sujetos partícipes de la actividad se basa en sentimientos, valoraciones y concepciones interiorizadas, que orientan la realización de las acciones requeridas en la actividad proveyendo marcas subjetivas al proceso de inclusión en el sistema colectivo. Las concepciones, sentidos y emociones pueden potenciar y/o dificultar el proceso mismo de inclusión y participación en la actividad.

La categoría *concepciones implícitas* es aportada por Pozo (2006) y Rodrigo y Correa (1999) y permite suponer la participación de esquemas y modelos mentales de naturaleza episódica en su papel de mediadores interiorizados que inciden en el proceso de otorgar significación a las complejas relaciones entre los sujetos y sus contextos. Las concepciones dan fundamento subjetivo a las interpretaciones y ajustes de las acciones acordes con las demandas de las actividades. Como conjunto de restricciones, direccionan el modo en que se comprende la realidad y, como tales concepciones se construyen a partir de prácticas de interacción, suelen ser relativamente estables intragrupalmente. Tales construcciones facilitan y limitan la comprensión de las realidades construidas por los semejantes, los intercambios y procesos de negociación así como la consolidación de intenciones y metas.

Recuperando los aportes de una Psicología Cultural, el tramo de ingreso puede entenderse como un proceso de desarrollo, como un tiempo dedicado a un pasaje (Diriwachter y Valsiner, 2004; Valsiner, 1997) en el que se producen reorganizaciones en las relaciones persona-medio en el contexto de las acciones cotidianas, acompañado de reflexiones sobre las acciones en proceso. Proceso que conduce a la construcción de la nueva identidad sobre la base de incertidumbres y ambivalencias.

Estrategia metodológica

El diseño de las tres investigaciones resulta cualitativo-exploratorio y el conocimiento que se busca obtener es de carácter eminentemente descriptivo. El análisis de los datos se realizó en base a las propuestas de la Teoría fundamentada en los datos (TF) (Grounded Theory) (Glaser y Strauss, 1967; Flick, 2004). Esta teoría propone una aproximación al material desde lo superficial a lo profundo y de lo más amplio a lo más concreto. El análisis queda abierto a nuevos planteamientos, conceptos e interpretaciones en relación con los análisis parciales que se han ido elaborando en cada etapa (Ruiz Olabuénaga, 2003; Flick, 2004; González Rey, 1999). Dada la relevancia de la TF en esta línea de investigación, nos detendremos a explicar de qué se trata.

La Teoría fundamentada en los datos (TF)

Según Titscher et al. (2000) la TF, desarrollada por Strauss y Glaser, es la que más se destaca dentro de las metodologías cualitativas de análisis de datos. La TF genera teoría a partir de los datos y de la información recolectada. Puede ser aplicada en cualquier área de la ciencia social, siempre y cuando se quiera generar teoría a partir de los datos recolectados. El acercamiento a los textos no debe ser con conceptos ya construidos, sino que la teoría debe construirse *a partir* de ellos.

Los orígenes teóricos se remontan al Pragmatismo Norteamericano (Dewey), y a la Escuela de Sociología de Chicago, que le otorgó central importancia a la observación y a la entrevista en profundidad como métodos, y ubicó a las interacciones y a los procesos sociales como objeto de estudio.

Se trata de un enfoque metodológico utilizado principalmente en análisis de textos, y la riqueza de su planteo radica en que puede considerarse como una escuela de metodología de ciencia social cuyas estrategias de investigación pueden resumirse en los siguientes axiomas:

*El caso individual es una unidad de investigación independiente; las unidades de acción autónomas, que tienen una historia, deberían ser reconstruidas en primer lugar de acuerdo a su propia lógica, con algún objetivo teórico, es decir, los conceptos deben ser formulados en base a un caso que pueda explicar las circunstancias del caso particular.

*La interpretación sociológica es un arte: el proceso de generación de teoría se asemeja a la actividad artística, en donde dos enfoques en conflicto, uno desde la perspectiva imparcial y otro desde la perspectiva de la ciencia, deberían unirse.

*Existe un "continuo" entre el pensamiento científico y el cotidiano: el conocimiento cotidiano no se diferencia estructuralmente del conocimiento científico, resulta un recurso indispensable para el proceso científico y debe hacer uso de él.

*La terminología social es flexible: la TF no supone teorías que no admitan dudas; por el contrario, los términos, conceptos, categorías e hipótesis que desarrolla deben constantemente demostrar su adecuación para la decodificación científica de la realidad.

Objetivos de la Teoría fundamentada

Se orientan a conceptualizar las suposiciones basadas en los datos. El foco se ubica en la exploración y en la generación de hipótesis, mientras que el testeo de las hipótesis recibe una atención menor. Según Glaser y Strauss (1967) la TF es una detallada fundamentación de datos analizados sistemática e intensivamente, generalmente oración por oración, de las notas del trabajo de campo, entrevistas u otros documentos; mediante una comparación constante los datos son extensivamente recolectados y codificados. El foco del análisis no está puesto solamente en recolectar u ordenar una cantidad de datos, sino en organizar las ideas que emergen del análisis de estos. La TF se deriva inductivamente del estudio del fenómeno que representa. Es decir, es descubierta, desarrollada y provisionalmente verificada a través de la recolección sistemática de datos y del análisis de datos perteneciente a ese fenómeno. Por ello, la recolección de datos, el análisis y la teoría se interrelacionan.

Paso a paso del método

Es un programa de investigación que integra planificación, ejecución y análisis y que sigue ciertos procedimientos y reglas:

1. Recolección de datos: no requiere de técnicas específicas (la observación y las entrevistas son frecuentemente utilizadas) ni supone una fase específica que deba completarse antes de que comience el análisis. Luego de la primera recolección se realizan los primeros análisis, se buscan indicadores de conceptos particulares, se expanden conceptos a categorías, y en base a los resultados, se recolecta más información (aplicación de muestreo teórico). En este tipo de procedimiento la recolección de datos nunca concluye completamente, dado que en los procesos de codificación y escritura surgen nuevas preguntas que sólo podrán responderse con la recolección de nuevos datos y reexaminación.

2. La TF se basa en un modelo de conceptos-indicadores cuya ayuda sirve para codificar los indicadores empíricos de acuerdo a los conceptos. Estos son designaciones o etiquetas relacionadas a eventos individuales o indicadores. En este caso no se trata de la operacionalización a priori de conceptos teóricos, como sí sucede en el análisis de contenido clásico, sino que se trata de buscar los indicadores de conceptos provisionales en los datos. Se intenta primero ubicar ideas centrales que se transforman en preguntas provisionales de la investigación. Luego se elaboran las ideas preliminares de los investigadores respecto de los objetivos. Para lograr esto último, se recomiendan las técnicas de lluvia de ideas, discusión grupal entre los investigadores y lectura de bibliografía pertinente. Se arriba a un marco de conceptos teóricos que estimulan la codificación (definido por

Glaser como *familia de códigos*) y que suponen conceptos colectivos y abstractos que pueden volverse relevantes para los más variados campos de investigación y tipos de problemas. Sobre la base de estas familias de códigos se desarrollan marcos de conceptos teóricos a partir de las ideas centrales haciendo referencia continua a los indicadores. Durante este proceso se investigan y se comparan diferentes indicadores, considerando similitudes y diferencias. Sobre la base de este análisis se especifican finalmente los conceptos que forman el proceso central de la TF. Aquí se dimensionan los conceptos teóricos, es decir, se determinan diferencias en los conceptos o rasgos. Cuanto más numerosos sean los indicadores de igual significancia para un concepto, más grande será el nivel de saturación de las propiedades de ese concepto para la teoría emergente.

Las familias de códigos pueden incluir:
- Relaciones causales: causas, consecuencias, correlaciones, restricciones.
- Procesos: etapas, fases, duraciones, pasajes, secuencias, carreras.
- Grados: medidas, grados, intensidad, nivel, valores límite, valores críticos.
- Tipos: clases, géneros, clasificaciones.
- Interacciones: relaciones, interacciones, simetría, rituales.
- Identidades: identidad, imagen de sí mismo, cambio de identidad, imagen alienada.
- Estrategias: estrategia, táctica, técnica, mecanismos, administración.
- Cultura: normas, valores, actitudes socialmente compartidas.

- Consenso: contrato, acuerdo, definición de la situación, conformidad, homogeneidad.
- Eje: control social, acuerdo, socialización, organización, institución.

3. Codificación: resulta central en la TF y se distingue claramente de otro enfoque metodológico, el análisis de contenido. Sobre la base de los textos y del conocimiento contextuado se desarrollan conceptos, se categorizan y se dimensionan. Simultáneamente son enriquecidos con indicadores (ejemplos de los textos analizados). La base para la codificación es provista por las familias de códigos mencionadas. Mediante la permanente comparación de conceptos, usando las unidades de texto asociadas, son exitosamente categorizadas (relacionadas unas con otras, ordenadas, ubicadas dentro de una jerarquía), y dimensionadas (clasificadas en dimensiones o variables). Durante la codificación el investigador va del pensamiento inductivo al deductivo y constantemente construye y testea conceptos e hipótesis.

Para este propósito la TF propone una serie de procedimientos de codificación:

Codificación abierta o paradigma de codificación: primer paso en el proceso de interpretación del texto. Consiste en examinar, clasificar, conceptualizar y categorizar la información. El objetivo es desarrollar conceptos basados en el texto y en el conocimiento del investigador. Se hacen comparaciones y se formulan preguntas. La codificación abierta comienza con el análisis de párrafos y frases. El investigador se pregunta: ¿qué pasa en el texto?, ¿qué categoría sugiere este fragmento? Luego se buscan códigos *in vivo* o interpretaciones reconocibles en el texto mismo y categorías tradicionales tales como edad, género, nivel social. Strauss recomienda hacer un análisis minucioso para no pasar por alto categorías importantes, realizando un análisis línea por línea, y escribiendo cómo se van construyendo los conceptos, categorías y dimensiones. Formular preguntas, hacer un análisis preciso de las palabras y frases, junto con la constante comparación (usando oposiciones polarizadas), todo ayudará a incrementar la sensibilidad teórica y la creatividad en el proceso de codificación.

Codificación axial: se reagrupan los resultados de la codificación abierta creando nuevas relaciones entre conceptos. Se refinan y diferencian los conceptos ya existentes y adquieren el status de categorías.

Codificación selectiva: se refiere al proceso de seleccionar la categoría central, asociando esta categoría a otras, validando este proceso de asociación, y el llenado de otras categorías que requieren mayor refinación y desarrollo. Una categoría central es aquel fenómeno alrededor del cual se integran otras categorías. En el caso más sencillo, esta categoría puede haber sido reconocida en el inicio, mientras que en los casos más complicados se identifica hacia el final, refinada y ubicada en la red de relaciones. Los resultados provisorios deberán ser examinados continuamente con referencia al texto. De esta manera, paso a paso, irá emergiendo la teoría fundamentada.

4. Muestreo teórico: se seleccionan muestras, textos o segmentos de textos sobre la base de los conceptos en la teoría en desarrollo. Ayuda a la búsqueda de indicadores en el texto.

5. Validez del método: una serie de preguntas puede orientarnos para saber si la investigación basada en la TF tiene validez: ¿cómo fue seleccionada la muestra original?, ¿qué categorías centrales emergieron?, ¿cuáles

fueron los sucesos, incidentes, acciones que indicaron algunas de estas categorías?, ¿sobre la base de qué categorías procedió el muestreo teórico?, ¿de qué manera las formulaciones teóricas guiaron la recolección de datos? Luego de realizar el muestreo: ¿cuán representativas fueron estas categorías?, ¿cuáles fueron las hipótesis referidas a las relaciones entre categorías?, ¿sobre qué bases fueron formuladas y testeadas?, ¿hubo momentos en que las hipótesis no concordaron con lo que se halló?, ¿cuáles fueron las discrepancias?, ¿afectaron a las hipótesis?, ¿cómo y por qué fue seleccionada la categoría central?, ¿la selección fue gradual o repentina?, ¿fácil o difícil?, ¿sobre qué fundamentos fueron tomadas las decisiones finales?, ¿los conceptos fueron construidos?, ¿los conceptos fueron relacionados?, ¿las categorías tienen densidad conceptual?

Asimismo los resultados deberían poder ser:

Reproducibles: otro investigador puede arribar a las mismas conclusiones con una muestra, procedimiento y condiciones similares.

Generalizables: los resultados pueden ser generalizables a otras situaciones similares.

Procesamiento de los datos

El análisis cualitativo de contenido sobre la base de la Teoría Fundamentada permite la elaboración de matrices de datos a través de análisis profundos y pormenorizados de las producciones.

Los datos se sometieron a una descripción densa (Ruiz Olabuénaga, 2003), ya que básicamente, tal tarea permite ir desentrañando las formas de interpretación y las significaciones otorgadas por los sujetos. Durante el descubrimiento y captación de los contenidos se construyeron manuales de códigos, combinando la inducción y la deducción. En función de lo descripto en el punto anterior, las codificaciones fueron de carácter abierto (Strauss y Glaser, 1967) porque es un procedimiento que evita imponer estructuras restrictivas sobre los datos y permite la apertura a significados no previstos.

Dado que la teoría fundamentada se descubre, desarrolla y es provisionalmente verificada a través de la recolección y el análisis sistemático de los datos pertenecientes al fenómeno en estudio, se puede sostener que la recolección, el análisis y la elaboración de teoría se interrelacionan.

Triangulación de datos

Con el propósito de aumentar la confiabilidad, se aplicó en todos los casos un proceso de triangulación entre técnicas de recolección de datos, es decir, se cruzaron datos obtenidos y analizados provenientes de diversas fuentes: cuestionarios, producción textual gráfica, respuestas elaboradas por escrito y material desgrabado obtenido en las entrevistas. Al multiplicar la información y el análisis se lograron relacionar y contrastar diferentes datos a fin de potenciar la riqueza y fiabilidad de estos, evitando así los condicionamientos espurios (Denzin, 1978).

Universo, población y muestras de estudio

El *universo* de estudio se constituyó por ingresantes y docentes en ejercicio del Ciclo Básico Común (CBC) y del Programa de Educación a Distancia UBAXXI. La *población* se compuso por los ingresantes y docentes de algunas materias seleccionadas. Finalmente, las *muestras* fueron de carácter intencional, seleccionándose aquellos estudiantes y/o docentes (de acuerdo a cada investigación) que cumplieran con condiciones necesarias en relación a los objetivos propuestos. Una vez delimitadas tales condiciones, en todos los casos se convocó a ingresantes y docentes que quisieran participar voluntariamente. En el caso de la primera investigación, al finalizar las tutorías de UBAXXI, se solicitó que permanecieran en el aula a los estudiantes que estuvieran interesados y que tuvieran el tiempo disponible para participar de entrevistas grupales sobre la temática del estudio al ingresar a la universidad.

De acuerdo con la Teoría Fundamentada, es conveniente conformar la muestra siguiendo la técnica de muestreo teórico porque supone la selección de nuevos casos a estudiar según su potencial para refinar y/o expandir conceptos y teorías que se van desarrollando.

Técnicas de recolección de datos

En las tres investigaciones, en un momento previo a la selección de las técnica a utilizar se relevó el uso de las formas de recolección de datos en investigaciones de temas afines y otras no completamente afines, pero metodológicamente apoyados en la TF.

A partir de tal relevamiento se diseñaron técnicas originales para cada investigación, fruto del trabajo de los equipos de investigadores constituidos a tal fin. Estas técnicas de diseño original incluyeron producciones gráficas.

Para la primera investigación, en la que se trabajó sólo con estudiantes, se realizaron 14 entrevistas grupales y se administraron 500 encuestas. Al finalizar las entrevistas y/o las encuestas se les solicitó a los ingresantes que se dibujaran en una situación que los representara estudiando (imágenes 1, 2 y 3).

En el caso de la segunda investigación, en la que se trabajó sólo con docentes, se realizaron entrevistas individuales semidirigidas, una escala de *grados de acuerdo*, y el completamiento de globos de diálogo en dibujos (imágenes 4 y 5). Estos consistieron en las representaciones gráficas realizadas en la primera investigación por los mismos estudiantes. Se seleccionaron algunas muy significativas y se le agregaron globos de diálogo para que el docente entrevistado complete por escrito, según su parecer, los pensamientos, sentimientos y dichos atribuidos a las personas dibujadas. En el segundo momento del proceso de esta investigación, luego de avanzar en la codificación y análisis de los datos recolectados, se diseñaron y administraron encuestas, de ítems cerrados y abiertos, a diferentes equipos de docentes de materias del CBC, a fin de indagar temáticas consonantes con las investigadas durante el transcurso del primer tramo.

Para la tercera y actual investigación, en la que se trabaja sólo con ingresantes, se utilizó, además de entrevistas semidirigidas, una técnica de completamiento de globos de diálogo y expresiones faciales en un mismo personaje (el ingresante) ubicado en diferentes momentos del proceso de ingreso universitario. Dicha técnica se inspira en la técnica de *historias de dirección múltiple* (Kullasep, 2008).

Se trata, en todos los casos, de la combinación de técnicas a través de las cuales las personas aportan información en forma directa de aquello que saben (escala de grados de acuerdo, entrevistas semidirigidas) y de manera indirecta, dando lugar a la expresión de creencias de carácter implícito (completamiento de contenido en dibujos).

La inclusión de técnicas gráficas supone que, tanto en el proceso de la creación como durante la adjudicación de sus significados, el control intelectual se debilite y el enmascaramiento consciente e inconsciente disminuya marcadamente, en comparación con las expresiones verbales (Hammer, 1969; Casullo, 1997; Leibovich de Figueroa, N. et al., 1999). Esto permite, a su vez, la *triangulación* de datos, contrastando el material obtenido a través de las diferentes fuentes de recolección: entrevistas, escalas y completamiento de globos de diálogo.

Resultados y conclusiones

A través de las tres investigaciones descriptas hemos podido conocer algunos aspectos de las concepciones que sobre el estudio en el ingreso a la universidad construyen los ingresantes y sus docentes. Las dos primeras investigaciones nos permitieron caracterizar en general qué entienden por estudiar en el ingreso a la universidad los mismos ingresantes y luego cómo suponen sus docentes que los ingresantes definen al estudio en la universidad. La tercera investigación se centra en un aspecto específico de la actividad de estudio en el primer tramo universitario: la dilación en el inicio.

En la primera investigación, a través de la TF se construyó un manual de códigos (Cuadro 6) que incluye diversas categorías que caracterizan qué es estudiar en la universidad para los ingresantes. Todas estas categorías surgieron del relato oral, escrito y gráfico de los estudiantes que compusieron la muestra de estudio. El análisis del conjunto del material permitió inferir un tipo de concepción predominante acerca del estudio (Stasiejko et al., 2012), centrada en la valoración del esfuerzo y el autocontrol, apuntalado sobre afectos de tipo displacenteros, vinculados al sacrificio y la frustración y referidos a un momento particular, generalmente en días previos a los exámenes, llevado a cabo en soledad y silencio. Concepción que podría actuar como obstáculo para la inserción y permanencia de una gran proporción de estudiantes, dado que el estudio queda desdibujado, desvinculado de su relación con un proceso mayor, el de aprendizaje, que enriquece al estudiante. Las emociones que se vislumbran como constitutivas del estudio no incluyen momentos placenteros propios del aprendizaje, y el intercambio de opiniones no aparece en la escena como aspecto importante en la construcción social y comunitaria del conocimiento.

Dado que la subjetividad estudiantil desde la cual sostener un accionar eficaz y emocionalmente comprometido en la experiencia universitaria no emerge automáticamente tras la realización del trámite de inscripción, los estudiantes la construyen a partir de sus propias experiencias, de los éxitos y fracasos, personales y ajenos, en base a las concepciones implícitas y al accionar adecuado a fin de estudiar en el nuevo ámbito, se hizo evidente que era esencial ubicar el rol que ocupaba el docente en este sistema de actividad.

Esta inquietud nos condujo a la segunda investigación, cuyos principales interrogantes fueron: ¿en qué medida, al compartir las mismas concepciones implícitas con sus alumnos, los docentes tendemos a perpetuarlas? ¿Puede el docente, dado su lugar privilegiado en la escena educativa, actuar como agente de cambio respecto de estos obstáculos que atraviesan su práctica?

Para responderlos nos propusimos intentar conocer qué concepciones sobre el estudio adjudicaban los docentes a sus estudiantes: ¿los docentes conocían las concepciones que nosotros habíamos relevado en los ingresantes? A través del análisis del material de la segunda investigación descubrimos que en gran medida los docentes adjudicaban otro tipo de concepciones a sus estudiantes. Por ejemplo, en términos generales, respecto de los obstáculos en el ingreso, lo más usual entre los docentes (Stasiejko, Pelayo y Krauth, 2013) ha sido atribuir dificultades a los ingresantes sin haberlas escuchado en sus voces: "...ellos mencionan pocos (obstáculos), que les parece mucha información... lo que yo veo es que tienen grandes dificultades con lo que es la comprensión de lo que leen y para expresarse (…) no sé lo que ellos piensan, no les pregunté nunca directamente"; "no recuerdo muchas circunstancias en las cuales me hayan mencionado un obstáculo en particular, que es mucho contenido o mucho detalle, y a veces hacen preguntas en relación a que no comprendieron bien lo que dije, pero así como obstáculos que hayan salido de ellos, no los identifico". Sí se escucha la queja por la *cantidad* de material de estudio. Pareciera que la cantidad funciona como un punto que condensa otras dificultades no recuperadas en el diálogo: desconocimiento acerca de cómo estudiar en la nueva actividad, cómo lograr la autoconciencia y la autorregulación en el estudio que sí es preocupante entre los ingresantes. ¿Sobre qué se fundamenta la escasez de diálogo?, ¿podría vincularse con la falta de iniciativa o de costumbre por parte de los docentes para acercarse y dar lugar a las voces de los cursantes?

Luego del análisis de los datos de estas dos primeras investigaciones, resulta importante reflexionar acerca de que tanto docentes como ingresantes concuerdan en que las genuinas acciones de estudio se producen *en solitario*, fuera de la escena áulica. Es decir, aquellas acciones que pueden conducir a la conformación de la subjetividad estudiantil se desarrollan mientras *se estudia en soledad, con concentración y sin distracciones*. Emergería en otras circunstancias, más allá del intercambio con docentes y compañeros. En esta dirección, puede entenderse que los obstáculos en el estudio no llegan a comprenderse como productos de la dinámica de un sistema que involucra a todos los actores, dado que básicamente se asume que con *sacrificio y dedicación* –por parte de los cursantes en solitario– puede lograrse la permanencia en la actividad de estudio universitaria (Stasiejko, Pelayo y Krauth, 2013).

En la tercera investigación el interés se centró en el estudio de las causas y motivos vinculados con la dilación en el ingreso a la universidad. Esta dimensión de la actividad de estudio resulta de interés dado que una gran mayoría de ingresantes se demora en el completamiento del ciclo de ingreso a la Universidad de Buenos Aires (UBA) permaneciendo en el CBC más allá de los dos cuatrimestres idealmente estipulados. Algunas de las preguntas que dieron origen a esta investigación fueron: ¿a qué adjudican dicha tardanza los mismos ingresantes?, ¿con qué la vinculan?, ¿qué sentimientos emergen vinculados con las experiencias de dilación? Uno de los resultados a destacar de este proceso en curso es el vinculado al éxito o el fracaso en el estudio, en función de lo cual algunos ingresantes parecen valorizarse o no subjetivamente. Por ejemplo, entre los sentimientos negativos que asocian los ingresantes a la dilación predomina la frustración y el fracaso, dicen: "sufrí demasiado, directamente no dormía y me angustiaba si no me iba bien en una entrega. Es frustrante cuando te tiran abajo algo que vos mismo ideaste, creaste y diseñaste"; "sentí mucha impotencia, pues mi forma de expresarme es lo que hizo que desaprobara los parciales, tristeza, pensar que aunque quiero no puedo". Otro sentimiento negativo recurrente es la bronca o enojo, en menor medida el miedo, el temor, la tristeza, la desesperación y la desilusión: "me sentí perdida y sola, y fue complicado adaptarse a la manera que se manejan en la facultad"; "sentí haber defraudado a mis padres" (Stasiejko et al., 2013).

Otro resultado a destacar de esta investigación es haber descubierto que para algunos estudiantes la dilación no constituye la antesala de la deserción, sino, por el contrario, una oportunidad para el cambio y el aprendizaje. Para algunos de los entrevistados se asocia con vivencias de superación teñidas de emociones positivas, que habilitan un tiempo de espera para resolver qué se quiere estudiar y de qué manera, un tiempo de espera para dotar de sentido subjetivo la actividad de estudio en la que comienzan a participar (Stasiejko, Krauth y Pelayo, 2013).

En síntesis, el conjunto de los resultados alcanzados en las tres investigaciones permite sostener que el enfoque metodológico de la Teoría Fundamentada es un medio rico para caracterizar algunos de los diversos y complejos aspectos del sistema que supone la actividad de estudio en el ingreso a la universidad. Cabe destacar que dicha teoría resulta particularmente adecuada para los objetivos que nos hemos propuesto desde el año 2006 hasta la actualidad, dado que habilita al investigador a construir categorías a partir de las voces de los actores implicados en la escena educativa: estudiantes y docentes.

Bibliografía

CASULLO, M. (comp.) (1997). *Evaluación psicológica en el campo socio educativo*. Buenos Aires: Paidós.
COLE, M. (1999). *Psicología cultural*. Madrid: Morata.
COLE, M.; ENGESTRÖM, Y. (2001). "Enfoque histórico-cultural de la cognición distribuida". En Salomon, G. (comp.). *Cogniciones distribuidas. Consideraciones psicológicas y educativas*. Buenos Aires: Amorrortu.
DANIELS, H. (2003). *Vygotsky y la pedagogía*. Barcelona: Paidós.
DENZIN, N. K. (1978). *The research act*. New York: Mc Graw-Hill.
DIRIWACHTER, R.; VALSINER, J. (2004). *Striving for the whole: creating theoretical syntheses*. Transaction Publishers.
FLICK, U. (2004). *Introducción a la investigación cualitativa*. Madrid: Morata.
GLASER, B.; STRAUSS, A. (1967). *The Discovery of Grounded Theory: Strategies of Qualitative Research*. Chicago, Aldine.
GONZÁLEZ REY, F. (1999). *Investigación cualitativa en Psicología. Rumbos y desafíos*. San Pablo: Educ.
HAMMER, E. (1969). *Tests proyectivos gráficos*. Buenos Aires: Paidós.

KULLASEPP, K. (2008). "Are you like this... or just behave this way?" *International Journal for Dialogical Science* (3) 1, 69-92.
LEIBOVICH DE FIGUEROA, N. et al. (1999). *Ecoevaluación psicológica*. Buenos Aires: Eudeba.
LEONTIEV, A. (1978). *Actividad, conciencia y personalidad*. Buenos Aires: Ediciones Ciencias del hombre.
POZO, J. I. (2003). *Adquisición de conocimiento*. Madrid: Morata.
POZO, J. I. (comp.) (2006). *Nuevas formas de pensar la enseñanza y el aprendizaje*. Madrid: Grao.
RODRIGO, M. J.; CORREA, N. (1999). "Teorías implícitas, modelos mentales y cambio educativo". En Pozo, J. I. y Monereo, C. (coord.). *El aprendizaje estratégico*. Madrid: Aula XXI, Santillana.
RODRIGO, M. J.; RODRÍGUEZ, A.; MARRERO, J. (1992). *Las teorías implícitas. Una aproximación al conocimiento cotidiano*. Madrid: Aprendizaje Visor.
RODRIGO, M. J.; CORREA, N. (2001). "Teorías implícitas, modelos mentales y cambio educativo". En Pozo, J. I. y Monereo, C. (coord.). *El aprendizaje estratégico*. Madrid: Aula XXI, Santillana.
RUIZ OLABUÉNAGA, J. I. (2003). *Metodología de la investigación cualitativa*. Bilbao: Universidad de Deusto.
STASIEJKO, H.; PELAYO VALENTE, L.; KRAUTH, K. (2012). "Concepciones y sentidos acerca del estudio universitario: Resultados y Conclusiones". Revista de Investigaciones en Psicología 17 (1) 139-160. Facultad de Psicología, Universidad de Buenos Aires.
STASIEJKO, H.; PELAYO, L. KRAUTH, K. (2013). "Dimensiones del proceso de ingreso a la Universidad según docentes y estudiantes". Tiempo de Educar,

Revista interinstitucional de investigación educativa. Universidad Autónoma del Estado de México, Toluca.

STASIEJKO, H.; KRAUTH, K.; PELAYO VALENTE, L. (2013). "La dilación en el ingreso universitario: ¿cómo lo vivencian los ingresantes?" *III Congreso de Psicología,* Universidad Nacional de Tucumán, San Miguel de Tucumán.

STASIEJKO, H.; PELAYO VALENTE, L.; KRAUTH, K.; MÍRKOLI, M.; ANGELOTTI, C. (2013). "Indagación de las concepciones acerca de la dilación en el estudio durante el ingreso a la Universidad". *V Congreso Internacional de Investigación y Práctica Profesional en Psicología, XX Jornadas de Investigación y Noveno Encuentro de Investigadores en Psicología del MERCOSUR.* Facultad de Psicología, Universidad de Buenos Aires.

TITSCHER, S.; MEYER, M.; WODAK, R.; VETTER, E. (2000). *Methods of Text and Discourse Analysis.* London: Sage.

VALSINER, J. (1997). *Culture and the development of children's action: A theory of human development.* Nueva York: Wiley.

VYGOTSKY, L. (1995 [1931]). *Historia del desarrollo de las funciones psíquicas superiores. Obras escogidas.* Tomo II. Madrid: Aprendizaje Visor.

WERTSCH, J. (1999). *La mente en acción.* Buenos Aires: Aique.

Anexos

Imagen 1

Imagen 2

Imagen 3

Imagen 4

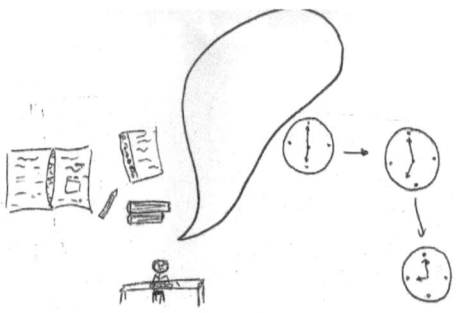

Imagen 5

Cuadro 6

CATEGORÍAS Referidas a los conocimientos y definiciones sobre el estudio	SUBCATEGORÍAS	EJEMPLOS
1. Definición Caracterización diferencial del término *estudio*	1.1. Uso de procesos psicológicos	"Memorizar los conceptos en forma dinámica" "Leer sobre un tema reiteradas veces" "Ayudar al aprendizaje practicando o leyendo los contenidos de la materia en cuestión para lograr fijarlos"
	1.2. Componentes emocionales / afectivos	"Estar horas sin ver la luz del día" "Una actividad, según la materia, de las menos divertidas por la cual se deben dejar de hacer cosas más divertidas" "Incorporar conocimientos a la fuerza" "Sentarse durante horas para dedicarse a aprender"
	1.3. Procesos de búsqueda de nuevas posiciones subjetivas	"Dedicarse a pleno para poder superarse" "Adquirir conocimientos para poder ser una persona crítica" "Saber nuevos conocimientos para seguir lo que me gusta" "Aprender nuevas cosas para desarrollar diferentes actividades en un futuro"
2. Objetivos Precisión de la finalidad de estudiar		Personales
		De formación académica
		Profesionales-laborales
3. Canonicidad		Leer desde el principio y no dejarse estar; no hay que bajar la guardia

CATEGORÍAS Actividad de estudio	SUBCATEGORIAS	EJEMPLOS
4. Acciones de estudio Conjunto de sucesión de acciones, movimientos y acontecimientos que componen la situación de estudio	**4.1. Acción con material externo y/o escritura**	Resaltar, escribir, resumir, hacer cuadros, subrayar ideas principales
	4.2. Acción sin producción escrita	Sintetizar, leer, memorizar, interpretar, aprender, analizar, poner en palabras propias, retrabajar, formular preguntas, marcar palabras clave
5. Dimensión social Lugar otorgado a los compañeros en la actividad de estudio	**5.1. Solo** El o los compañeros no ocupan un rol importante en el estudio	"Estudio sola; a mí no me queda hablando con los otros" "Aprovecho más el tiempo estudiando sola"
	5.2. En grupo Se le otorga algún rol a uno o a varios compañeros en el estudio	"A mí me gusta mucho estudiar con otras personas" "Llegué sedienta de gente que pueda estudiar"
6. Instrumentos Aquello referido a la utilización de mediadores para conseguir fines	**6.1. Clase** Utilización de medios surgidos de la clase misma	Docente, tutorías
	6.2. Material de estudio Utilización de medios obtenidos de otros recursos no áulicos	Internet, guías, diccionario, computadora
7. Uso del tiempo Referencias a la relación entre actos sucesivos en que se divide la ejecución de la actividad y que ordenan los hechos estableciendo un pasado, un presente y un futuro	**7.1. Calidad** Buen uso del tiempo disponible, no hay referencia a la cantidad de tiempo necesaria	Concentración, organización
	7.2. Cantidad Referencia explícita a cuánto tiempo se necesita para estudiar: horas, días, semanas, etc.	"Estudio 2 horas por día" "El día anterior por más de 24 horas seguidas"

CATEGORÍAS Actividad de estudio	SUBCATEGORIAS	EJEMPLOS
8. Ambiente Medio en el que ocurre la acción	8.1. Iluminación	Buena luz
	8.2. Acústica	8.2.1. Silencio 8.2.2. Sonido: música
	8.3. Ámbito	8.3.1. Público
		8.3.2. Privado
		8.3.3. Indistinto
9. Condiciones socioculturales	9.1. Recursos económicos	"Cuando los padres te sostienen todo es más fácil"
	9.2. Recursos simbólicos	"Me preparé mejor porque fui a una escuela preuniversitaria" "En mi colegio me enseñaron técnicas de estudio"
	9.3. Recursos socioafectivos	"Es más difícil si trabajás" "Si vivís lejos" "Tener problemas familiares incide mal"

CAPÍTULO 5
EL HUMOR COMO RECURSO DIDÁCTICO. ANÁLISIS DE LOS JUEGOS DE PALABRAS DE SENDRA DESDE EL PUNTO DE VISTA DE LA LINGÜÍSTICA ESTRUCTURAL

Delgrosso, Adriana[1]
2012

El presente trabajo se propone recoger los resultados de la aplicación del humor como recurso didáctico en la Cátedra de Semiología y Lingüística de la Carrera de Licenciatura en Psicopedagogía de la sede Rosario y la delegación San Nicolás de la Universidad Abierta Interamericana entre los años 2008 y 2010. El tema a desarrollar será el Estructuralismo, específicamente los niveles de análisis de la lengua, incluido en la primera unidad del currículo de la asignatura. El humorista elegido para ilustrarlo, Sendra.

La finalidad de dar a conocer este trabajo consiste en realizar un aporte a los recursos didácticos utilizados en la lingüística.

Existen antecedentes del uso del humor como recurso didáctico. En Barcelona, Bonet, Laborda, Rincón y Sánchez Enciso (1983) escribieron "Morfonética del humor", para la asignatura Lengua de primer año del Bachillerato, con el cual los alumnos aprenden cómo se provoca el humor en juegos de palabras. El posgrado

---

[1] Universidad Abierta Interamericana, Rosario. Licenciatura en Psicopedagogía. Cátedra Semiología y Lingüística. Asociación de Docencia e Investigaciones en Neuropsicología y Afasiología de Rosario.

Expresión, comunicación y lenguaje en la práctica educativa de la Universidad de Barcelona, produjo un libro con ese mismo título en el cual Laborda Gil (2006) contribuyó con el capítulo "Comunicación, humor y creatividad". Este autor presenta y desarrolla conceptos de comunicación a partir del comentario de tres chistes gráficos: uno de Gila y dos de Forges. En Rosario, la profesora Simón (2004), en su libro *Comprender e interpretar: un desafío permanente* recorre la corriente estructuralista y la pragmática como marcos teóricos y epistemológicos que avalan las diferencias entre los procesos referidos a la comprensión e interpretación. El humor de Quino está presente como ilustrador de los diferentes temas que explican que comprender e interpretar no son sinónimos.

Muchos autores proponen el humor para el aprendizaje del español como segunda lengua (González, 2009). Ojeda Álvarez y Cruz Moya (2004) trabajaron con chistes, cómics, viñetas de revistas o periódicos. Concluyeron en que la comunicación lúdica, en general, y los chistes, en particular, resultan fuentes de información lingüística a todos los niveles: fónico, léxico, morfosintáctico y, especialmente, pragmático. Grande Rodríguez (2005) sostiene que con humor se aprende mejor y resume las ventajas de utilizarlo a través del tebeo[2], citando opiniones de autores que justifican el uso del cómic. Como ejemplo aporta una historieta de Mortadelo y Filemón.

La risa posee una función pedagógica, impone una carga afectiva a los contenidos de aprendizaje, de tal manera que propicia que se recuerden (Lifshitz, 2008).

---

[2] Tebeo. 1. De *TBO*, nombre de una revista española fundada en 1917. Revista infantil de historietas cuyo asunto se desarrolla en series de dibujos. ‖ 2. Sección de un periódico en la cual se publican historietas gráficas de esta clase.

White (2001) comparó los resultados de dos encuestas sobre el uso del humor en el aula, aplicados en profesores y estudiantes universitarios. Los profesores y los estudiantes poseían opiniones similares acerca de la utilización del humor para aliviar el estrés, llamar la atención y crear un ambiente de aprendizaje saludable. Con más del 80%, ambos grupos coincidieron en que estos usos del humor eran apropiados. Asimismo, no consideran que el humor deba ser utilizado para avergonzar a los estudiantes, intimidarlos o tomar represalias contra ellos; desaprobando estas opciones con un mínimo de 70%, en ambos grupos. El tema con mayor varianza entre los dos grupos es el uso del humor para manejar una situación desagradable, el 59% de los estudiantes piensan que es apropiado en comparación con sólo el 15% de los profesores. Además, hubo una variación significativa en cómo los maestros reportan usar el humor para motivar, provocar el pensamiento y para reforzar el conocimiento respecto de cómo los estudiantes perciben que el humor se ha utilizado.

Diversos autores como Cazamian (citado en Escarpit, 1962) o Groos, Lipps y Heyman (citados en Victoria, 1941) se han ocupado de estudiar lo cómico. Sigmund Freud (s/f) y Henry Bergson (1991) aludieron a los significados que poseen las palabras y al beneficio que de esto se extrae en la fabricación de un chiste, pero no se ocuparon de interpretar los significados, posiblemente porque la lingüística aún no había hecho los aportes necesarios.

En relación al chiste, no se han encontrado estudios realizados sobre el significado de las palabras que lo ocasionan, ni desde el punto de vista del nivel lingüístico ni del de las relaciones semánticas que las vinculan. Sólo se han tratado de interpretar los juegos de palabras a partir de la violación de las máximas conversacionales en pos del humor (Attardo, 1993) y las funciones del lenguaje (Laborda Gil, 2003).

El *estructuralismo* constituye un modelo teórico compartido por distintas ciencias humanas, que concibe cualquier objeto de estudio como un todo, donde sus miembros se determinan entre sí, tanto en su naturaleza como en sus funciones, en virtud de leyes generales. El enfoque estructuralista participó en la renovación lingüística del siglo XX con repercusión hasta nuestros días. Desde esta visión se definió al lenguaje como forma y así pudo ser descripto en niveles de organización. El número de niveles lingüísticos varía de acuerdo a cada teoría, aunque suele hacerse una división en tres niveles principales: el sistema de sonidos del habla (Fonología), el nivel de disposición estructural de las frases (Sintaxis) y el nivel de sistema de significados (Semántica) que son de naturaleza jerárquica. La cuestión del significado motivó el estudio de las relaciones que guardaban entre sí las palabras y así surgió la Teoría del Campo en la lingüística (Martinet, 1969; Benveniste, 1979). Bernard Pottier (1977) analizó la composición de un significado (que él llamó *semema*) y clasificó su conjunto de semas distintivos o rasgos mínimos de significación en específicos, genéricos y virtuales. Azcoaga (1979) cita a estos últimos como fuente de los juegos de palabras. Muchos humoristas juegan con las palabras y sus significados, pero fue Sendra el elegido para reconocer el nivel lingüístico en el que estos se producían.

Fernando Sendra es un humorista e historietista gráfico argentino. Su personaje más conocido es Matías, principal de la tira que sale diariamente en el diario Clarín. Toma el humor no como la comicidad del que busca hacer reír, sino como una forma de expresión en la que suele aparecer la sonrisa. Prefiere instalar una idea desde un lugar diferente, y que la risa sea el elemento final, procurando que la información ingrese a través de la sorpresa o llamando la atención sobre algo ya pensado. Sus chistes aparecen en el diario Clarín y en la revista Nueva que acompaña la tirada dominical del diario La Capital de Rosario (Podestá, 2007).

El *chiste* se define como un dicho breve u ocurrencia aguda y graciosa que contiene un juego verbal o conceptual capaz de provocar risa. Puede ser ilustrado por un dibujo (RAE, 2010).

Los juegos de palabras involucrados en los chistes de Sendra se basan, en su mayoría, en información semántica a la que se accede a partir de la lectura. En pocas ocasiones, la información verbal se acompaña también de la no verbal que es sensoperceptiva (exclusivamente visual por tratarse de humor gráfico). Con el fin de considerarlo un recurso didáctico y porque del chiste no hemos encontrado estudios realizados sobre el significado de las palabras involucradas, ni desde el punto de vista del nivel lingüístico ni del fenómeno semántico en el que se produce, nos planteamos el siguiente problema:

Los chistes de Sendra que involucran juegos de palabras: ¿pueden ser analizados desde los conceptos de la lingüística estructural para identificar en ellos el nivel lingüístico en el que operan (semántico puro, semántico sintáctico, semántico morfológico y semántico fonológico) y reconocer el fenómeno semántico que dio lugar a la ambigüedad lingüística (polisemia, homonimia, sinonimia, antonimia) o la ausencia de ésta?

Con el fin de responder esta incógnita, preparamos el currículo de aula de la Unidad I de la asignatura para la presentación de los contenidos conceptuales a los alumnos (apunte de cátedra) y la aplicación práctica de estos en los chistes de Sendra.

Currículo de la Unidad I

Propósitos

-Despertar la mirada clínica en los futuros profesionales psicopedagogos.
-Establecer vínculos entre teoría y aplicación práctica de sus contenidos.

Objetivos

Que el alumno logre:
-Identificar en qué nivel de análisis del estructuralismo se produce el juego de palabras.
-Reconocer los fenómenos lingüísticos del nivel semántico del Estructuralismo.
-Analizar los juegos de palabras involucrados en un chiste.

Contenidos

Conceptuales
Niveles de análisis del estructuralismo: fonológico, morfológico, sintáctico y semántico.
Fenómenos semánticos: polisemia, sinonimia, antonimia, homonimia, hiponimia e hiperonimia.
Procedimentales

Análisis de juegos de palabras a partir de la que es clave.

Actitudinales

Valoración de la importancia que posee el modelo estructuralista como instrumento de análisis de la lengua y el lenguaje.

Metodología

Estrategias de problematización inicial

-Introducción del tema e indagación sobre conocimientos previos.
 -Modalidad de la clase: exposición, discusión.
 -Actividad: diálogo con los alumnos, lectura de la unidad del programa.

Estrategias para promover procesos de análisis

-Exposición verbal de contenidos con soporte de pps (modalidad de la clase: exposición discusión).
 -Utilización de recursos auxiliares para el desarrollo de la clase: ilustración de los contenidos a través de chistes gráficos que involucren juegos de palabras.

Estrategias para promover procesos de síntesis

-Revisión e integración de los contenidos trabajados.
 -Verificación de la comprensión de los mismos.
 -Actividades: presentación de chistes gráficos que involucren juegos de palabras (pps). Análisis de estos a cargo de los alumnos. Explicación de los juegos de palabras.

Evaluación

-Diagnóstica: se realiza en el inicio de cada clase, a través de la observación de la participación de los alumnos respecto de los conocimientos previos a los que hacen referencia.

-Procesual: se realiza durante el desarrollo y cierre de cada clase, a través de la observación de la atención, gestos y participación verbal y actitudinal de los alumnos en relación con la comprensión de los temas y la interpretación de los juegos de palabras.

-Final: Trabajo Práctico (TP). Análisis de chistes del humorista Sendra. Exposición oral de estos.

Previo al propósito de utilizar el chiste como recurso didáctico, formó parte de un proyecto de investigación cuyo fin consistía en explicar el humor a partir de las relaciones semánticas que se establecen entre los vocablos involucrados en el juego de palabras (Delgrosso, 1998). Así, 76 chistes se encontraban ya analizados, de los cuales utilizamos algunos como recurso didáctico con la cohorte 2007 y que hoy son ilustradores en el apunte de cátedra y en el recurso audiovisual (ppt) utilizado para el dictado de los temas. En el año 2008, entregamos 4 chistes a cada alumno para efectuar el citado TP. Fueron analizados un total de 32 chistes. En el año 2009, cada alumno analizó dos chistes entregados siendo 34 el total de chistes analizados.

El TP solicitado como evaluación final de la Unidad posee tres objetivos específicos que regulan su procedimiento de análisis.

En primer lugar, identificar la/s palabra/s clave/s o sintagma/s clave/s que producen el juego de palabras y buscar sus significados manifiestos o implícitos.

En segundo lugar, clasificarlas/os según el nivel lingüístico en el que operan (semántico puro, semántico sintáctico, semántico morfológico y semántico fonológico).

Por último, reconocer el fenómeno semántico que da lugar a la ambigüedad lingüística: polisemia, homonimia, sinonimia, antonimia; o identificar si no posee ambigüedad.

Corregimos todos los TP de manera grupal, con su exposición oral por parte de los alumnos, la que contó, en ocasiones, con el soporte visual preparado por ellos. El total de chistes analizados resultó de 140.

A posteriori de las clases, se volcaron los datos en una planilla con la que se confeccionaron los cuadros y gráficos siguientes. Al tomarse como unidades de análisis a las palabras o sintagmas claves, el total de los analizados fue de 168 porque en algunos chistes la/os requerida/os para llevar a cabo el juego de palabras fueron más de una/o.

Resultados

Se distribuyeron las 168 unidades de análisis según el nivel del estructuralismo en que recayeron las palabras o sintagmas clave y encontramos que la mayoría de los juegos de palabras se realiza en el nivel semántico puro (80%) donde se establecen relaciones entre los significados. Le sigue el nivel morfológico con un 10%, ya que en 17 ocasiones el autor jugó con el proceso de formación de las palabras. El 6% de los chistes dependió del juego efectuado con los sonidos del lenguaje, siendo por lo tanto del nivel fonológico (10/168). El nivel del estructuralismo donde menor número de juegos de palabras se realizó fue el sintáctico (6/168=4%), siendo el que rige el ordenamiento de las palabras en el eje sintagmático (Gráfico 1).

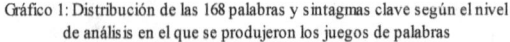

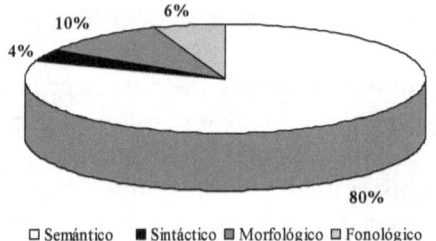

Gráfico 1: Distribución de las 168 palabras y sintagmas clave según el nivel de análisis en el que se produjeron los juegos de palabras

Nivel Fonológico (10/168)

Los juegos de palabras en este nivel fueron pocos y en su mayoría producidos por siglas o abreviaturas con diferente significación y que fueron consideradas homónimas, como puede verse en el siguiente ejemplo:

—¡González! Yo creía que Ud. era todo un licenciado y resulta que ahora me entero que atiende un bar. ¡La tarjeta que me dio es un fraude!

—¡Fraude, no!... La tarjeta dice "Lic. *González*". El "*Lic.*" no es de "*Licenciado*", es de "*Licuados*".

A nivel de vocablos los juegos fonológicos se producen por sustitución de uno de los fonemas de la palabra clave, que ocasiona el cambio de significado, tal como se observa en el siguiente chiste:

Otras sustituciones fonológicas producen neologismos, como podemos ver en marxista/marcista y leninista/lennonista:

—*Me dijeron, Raúl, que en sus épocas de estudiante usted era "marxista-leninista".*

—*"Marcista-lennonista", me llevaba todas a marzo porque me la pasaba escuchando a John Lennon.*

En este nivel también se juega a partir del agregado fonemático en palabras que conforman sintagmas (o sintemas, como prefiere denominarlo la lingüística francesa):

—Créame, Igor, que yo tengo un título de nobleza. Mi madre ha sido una princesa rusa aunque mi padre un modesto agricultor.
  —¿Y qué título tiene?
  —"Zarina de trigo" (harina / zarina → agregado del fonema /s/)

(sus sojazos / sus ojazos → agregado del fonema /s/ o asimilación de vocablos)

Nivel Morfológico (17/168)

La distribución de las palabras y sintagmas clave según el proceso morfológico de formación mostró que 11 de los 17 juegos de palabras que registramos en este nivel se produjo por derivación, esto es, por el agregado de un afijo (sufijo o prefijo) y 6 por un proceso de composición.

Gráfico 2: Distribución de las 17 palabras y sintagmas clave según el proceso morfológico de formación

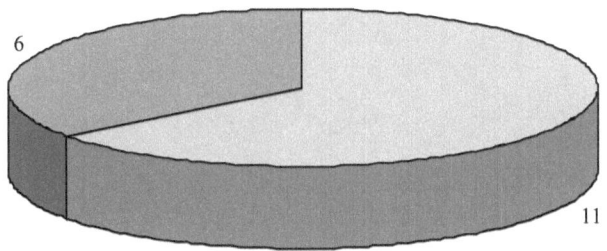

☐ Derivados ■ Compuestos

Tanto el proceso de derivación como el de composición pueden modificar el significado de la palabra clave que pasa a ser usada o interpretada con otro significado. Adelantándonos en un tema de la semántica, explicaremos cómo se producen estos fenómenos con tres chistes que lo ilustran:

Derivación

La palabra clave del chiste es un neologismo: *webeando*. El agregado del sufijo *-ando* a la raíz del verbo determina el gerundio. En este caso, esto implicaría la existencia del verbo *webear*, vocablo del que la RAE sólo reconoce su raíz[3] y que resulta homónimo de "huevear",[4] palabra que se encuentran en diccionarios de lunfardo, de uso coloquial por los hablantes de nuestro país.

---

[3] web. (Del ingl. *web*, red, malla). f. *Inform.* Red informática. http://buscon.rae.es/ draeI/
[4] *Huevear:* intr. *Chile* y *Méx.* haraganear.

En el siguiente chiste el agregado del prefijo *re-*[5] al vocablo *parto* refiere tanto a un vocablo conocido en el vocabulario cinematográfico[6] como a un neologismo, si se lo interpreta intensificando una palabra del ámbito médico con la intensión de que signifique *muchos partos*.

—*Como le decía. En el último festival de cine me premiaron por mi interpretación de un médico que debe atender a la vez dieciséis partos.*
—¿Qué premio le dieron?
—*Mejor actor de reparto.*

Composición
—*Todas las mujeres se me acercan por mi dinero. Usted, en cambio, parece diferente ¿Cómo se llama?*
—*Viviana Dora, pero me puede decir Vivi Dora.*

La unión de dos palabras, en este caso los dos *nombres propios* de la dama, resulta un compuesto exocéntrico[7] que debería alertar al personaje masculino si no quiere repetir la experiencia que relata.

Vividora: mujer interesada.
Verbo *vivir* + sufijo *dor* + sufijo femenino *a* → derivación
Nombre: abreviatura de Viviana + Dora → composición

Nivel Sintáctico: 6/168

—¿Sabe Orlando? Con el tiempo su look se armó de un modo cuasi perfecto.
—¿Qué le parezco?
—*Un perfecto cuasi modo.*

---

[5] re-. (Del lat. re-). 3. pref. Denota 'intensificación'. Recargar. http://buscon.rae.es/
[6] actor de reparto. 1. m. El que desempeña papeles secundarios. http://buscon.rae.es/
[7] vividor, ra. 4. adj. Que vive a expensas de los demás, buscando por malos medios lo que necesita o le conviene. http://buscon.rae.es/draeI/

El chiste que elegimos ilustra cómo la modificación del *orden* de las palabras[8] cambia el significado general: modo cuasi perfecto / perfecto cuasi modo.

La siguiente viñeta muestra también una alteración en el orden de utilización de los mismos vocablos en la oración, dando lugar al sentido general del chiste, que es mostrar una realidad económica:

---

[8] cuasi. 1. adv. c. casi. (Del lat. *quasi*). 1. adv. c. Poco menos de, aproximadamente, con corta diferencia, por poco. http://buscon.rae.es/draeI/perfecto, ta. (Del lat. *perfectus*). 2. adj. Que posee el grado máximo de una determinada cualidad o defecto.

Nivel Semántico: 135/ 168

La mayoría de los juegos de palabras de los 140 chistes que analizamos se produjo en el nivel semántico, o sea, a partir de los significados de los vocablos involucrados. En el siguiente gráfico podemos observar que, del total de 135 fenómenos semánticos identificados, el mayor porcentaje (n = 113; 77%) resultó por la polisemia de los vocablos, seguido por los del fenómeno de homonimia (n = 12; 8%) y con igual porcentaje por la sinonimia y la antonimia (n = 5; 3%). Se registraron 13 chistes que no presentaron ambigüedad lingüística (9%) (Gráfico 3).

Gráfico 3: Distribución de las 135 palabras y sintagmas clave según los fenómenos semánticos de ambigüedad y la ausencia de ésta en los juegos de palabras

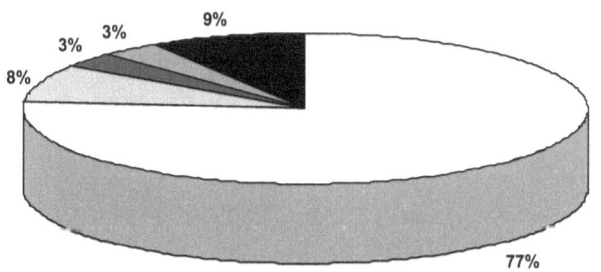

□ Polisemia □ Homonimia ■ Sinonimia ■ Antonimia ■ Sin ambigüedad

Polisemia

Se denomina *polisemia* a la capacidad que tiene una sola palabra para expresar distintos significados. Al igual que la homonimia, se asignan varios significados a un solo significante.

—*La música me tiene harta, ayer adelgacé un kilo haciendo gimnasia al ritmo de jazz, cumbias y mambos...*

—¿Y qué tiene de malo?
—*Que hoy engordé con salsas, merengues y tarantelas.*

La palabras clave salsas y merengues pertenecen a la misma clase, por lo tanto son cohipónimos del hiperónimo: ritmos-bailes pero, a su vez, y por su condición de palabras polisémicas, ambas también pertenecen a la clase de los alimentos.

En el siguiente chiste la palabra polisémica clave es *pantalla* que refiere tanto al filtro solar como a la superficie donde se proyecta una imagen, la que en esta ocasión debe ser *panorámica* por el tamaño de la mujer. Como puede observarse, la información sensoperceptiva que ofrece el dibujo es indispensable para su interpretación:

—*Silvina, usted es como las naftas de los buenos surtidores. De lejos parecía "normal" pero de cerca es "súper".*
—¿Y de muy cerca?
—*Parece "manguera".*

Manguera es un vocablo polisémico por estar usado tanto de manera literal como metafórica, en la acepción que pertenece al lunfardo argentino.[9]

En este sentido, las expresiones ofrecen una gran posibilidad para los juegos de palabras, como las que se incluyen en el siguiente chiste.

—*Bueno, señora... parece que gracias a las vitaminas, su hijo está saliendo de la edad del pavo.*
—¿En qué lo nota?
—*En que empieza a tener cara de ganso.*

En el ejemplo anterior, además del sentido metafórico de los vocablos pavo[10] y ganso,[11] ambos, por su significado literal pertenecen a la misma clase, son aves y, por lo tanto, desde el punto de vista de la lengua, cohipónimos.

Homonimia

Este fenómeno se diferencia de la polisemia en que mientras en ésta sólo existe un étimo (una palabra origen), en la homonimia existen *dos o más cuyos significados no están emparentados*. Por lo tanto, para identificar a un homónimo se debe estudiar su etimología.

---

[9] MANGA: Sablazo / Mucho, gran cantidad. MANGADOR: Sablista, pedigüeño. MANGUERO: Sablista. MANGUEAR: Sablear. http://www.raicesargentinas.com.ar/Notas/lunfardoLN.htm sablear. tr. coloq. Sacar dinero a alguien dándole sablazos, esto es, con petición hábil o insistente y sin intención de devolverlo. U. t. c. intr. (Microsoft® Encarta® 2009).

[10] pavo. (Del lat. *pavus*, el pavo real). 1. m. Ave del orden de las Galliformes (...) 2. m. coloq. Hombre soso o incauto. http://buscon.rae.es/draeI/

[11] ganso. (Del gót. **gans*; cf. a. al. ant. *gans*, neerl. medio *gans*, ingl. ant. *gós*). 1. m. Ave palmípeda (...) 2. m. Hombre tardo, perezoso, descuidado. 3. m. Hombre malcriado, torpe, incapaz. 4. m. Hombre patoso, que presume de chistoso y agudo, sin serlo. http://buscon.rae.es/draeI/

XL es una sigla que significa tanto 40 en números romanos como el tamaño grande de una prenda pero que en este chiste se aplica a ser *grande* en edad, por las características de la mujer que pueden verse en el dibujo, contexto *indispensable* para interpretarlo.

Sinonimia

—*El* año pasado fui a veranear a las Islas Caymán.
—¿Y este año?
—*Tengo un cocodrilo en el bolsillo.*

En la tabla expuesta a continuación se muestra que, además de la polisemia de ambos vocablos y su pertenencia al mismo campo semántico (reptiles), este chiste involucra la sinonimia.

Reptiles			
Caimán		Cocodrilo	
Isla	Animal	Animal	Amarrete
	SINONIMIA		
POLISEMIA		POLISEMIA	

Antonimia

—*Mi esposo y yo nos conocimos en una pista de tango y apenas sonaron los primeros tangos nos dimos cuenta de que éramos el uno para el otro.*
—¿Qué pasó?
—Él arrugaba y yo planchaba.

Arrugar y *planchar* son antónimos recíprocos o contrarios en relación, son pares de palabras que muestran la relación inversa. El significado de una implica el de la otra. No se puede dar uno sin el otro.

Evaluación parcial

Una de las evaluaciones que se lleva a cabo para monitorear el aprendizaje de los estudiantes es a través de un parcial escrito que se toma a finales del cuatrimestre. Éste incluye los temas de la asignatura, abordados a través de 30 ítems. La mitad de ellos permite evaluar el estructuralismo a través de dos tipos de recursos: el humor y la poesía. La modalidad de análisis de los juegos de palabras de Sendra es similar a la del TP, que los alumnos realizan al finalizar la unidad correspondiente y que fuera objeto de análisis en el punto anterior.

Entre los años 2007 y 2010 se evaluaron 51 alumnos en las sedes Rosario y San Nicolás. Cada uno debió analizar 6 chistes de este autor, por lo que resultaron un total de 306. El porcentaje de respuestas correctas fue del 66% y el promedio por alumno de 3,96 como podemos apreciar en el Gráfico 4.

Gráfico 4: Respuestas obtenidas de los 51 estudiantes ante el análisis de los 6 chistes de Sendra. Rosario-San Nicolás. 2007-2010

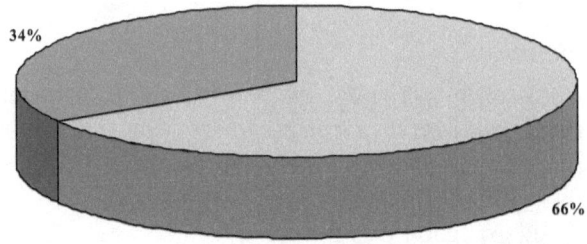

□ Correctas ■ Incorrectas

El siguiente cuadro muestra la distribución de las 202 respuestas correctas obtenidas en los 306 chistes analizados según las cohortes. Como podemos observar, en la sede Rosario, la cohorte 2010 obtuvo un porcentaje mayor al 90%, con un promedio de 5 chistes interpretados correctamente por alumno. Le sigue la cohorte 2008, con un promedio de 4 chistes comprendidos y explicados. El menor porcentaje (42%) lo obtuvo la cohorte 2007, en la misma sede, seguido del de la cohorte de San Nicolás, aunque este supera levemente el 50%. El Cuadro I y el Gráfico 5 ilustran estos datos.

Cuadro I
**Porcentajes y promedios de respuestas correctas obtenidas en los 6 chistes de Sendra.
Cohortes 2007-2010. Universidad Abierta Interamericana. Rosario y San Nicolás**

Cohortes	N° alumnos	Respuestas correctas	Total de chistes	%	X por alumno
2007 Rosario	14	35	84	42	2,50
2008 Rosario	7	29	42	69	4,14
2009 (tutoría)	1	5	6	83	5
2009 (recuperatorio)	1	4	6	66	4
2010 Rosario	17	93	102	91	5,47
2010 San Nicolás	11	36	66	55	3,17
Totales	**51**	**202**	**306**	**66**	**3,96**

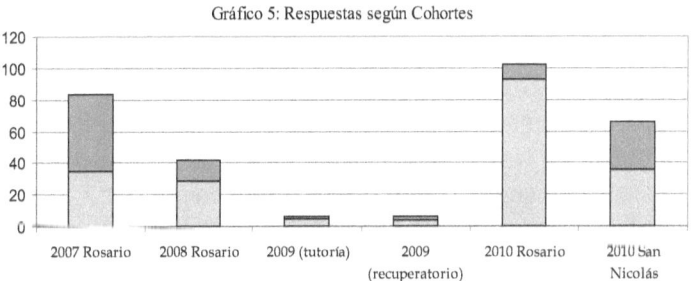

Gráfico 5: Respuestas según Cohortes

Si agrupamos los chistes presentados según el nivel de análisis del estructuralismo en el que se produce el juego de palabras, la distribución de respuestas correctas supera a las incorrectas (Gráfico 6).

Gráfico 6: Distribución de las respuestas según chiste

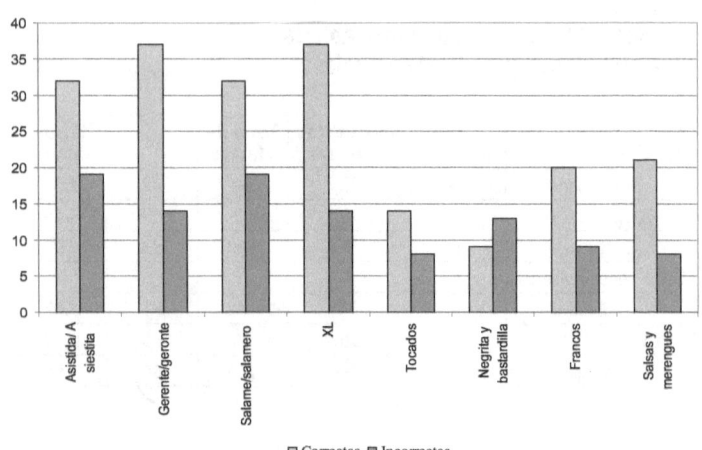

Tanto en la *polisemia* como la *homonimia* un solo significante expresa distintos significados. Ambos fenómenos caracterizan al *nivel semántico* y son los que han servido para los juegos de palabras que dieron lugar a los chistes seleccionados para la evaluación parcial: *XL, tocados, negrita y bastardilla, francos* y *salsas y merengues.*

Los juegos de palabras en el *nivel fonológico* se producen por sustitución de uno de los fonemas de la palabra clave, que ocasiona el cambio de significado, como en el caso de *gerente / geronte* y *asistida / a siestita*.

Para ilustrar el *nivel morfológico* seleccionamos un chiste cuya palabra clave es un vocablo al que se le agrega el sufijo *-ero* a la raíz *salame* tantas veces repetida.

En el *nivel sintáctico*, el chiste que elegimos ilustra cómo la función de las palabras en una oración puede dar paso al humor a la vez que a una reflexión.

Conclusiones

La lingüística es la ciencia que estudia la lengua, sistema de signos de carácter social, cuyo uso individual se denomina *habla* (Saussure, 1945). El *lenguaje*, concebido como una actividad humana universal que cada hombre realiza individualmente (habla) en situaciones determinadas y de acuerdo con tradiciones históricas (lenguas) (Coto, 2004), posee dos códigos: el fonológico-morfosintáctico y el semántico. La información semántica que procesa este último es la encargada de organizar y almacenar los significados de las palabras (Azcoaga, 1979).

La neurolingüística reconoce a las *relaciones semánticas virtuales* como aquellos enlaces semánticos que se establecen entre los sememas o significados más alejados en el campo semántico, a través de sus semas compartidos. Su reconocimiento permite la comprensión de los juegos de palabras y la captación de los dobles sentidos (Azcoaga, 1979).

Como se pudo observar en los resultados, la mayoría de los juegos de palabras analizados en los chistes del humorista Sendra se produjo en el nivel semántico y por el fenómeno de ambigüedad lingüística llamado *polisemia* (Palmer, 1978; Ullman, 1965).

El análisis de estos chistes comporta dos fenómenos vinculados, uno metalingüístico y otro neurolingüístico. El primero es el que permitió a los alumnos llevar a cabo el análisis lingüístico de los vocablos involucrados en los juegos de palabras y, así, su interpretación a partir de los conceptos vertidos por el estructuralismo. Este enfoque, que toma en cuenta la interrelación y la interdependencia de las partes dentro de un todo, sostiene el carácter formal de la lengua y establece una serie de procedimientos u operaciones ordenadas para agotar su descripción. El segundo favoreció el desarrollo de las redes semánticas propias de los alumnos, ya que la información verbal contenida en la estructura profunda del lenguaje (o lenguaje interno) es la que permite descifrar la ambigüedad semántica establecida a través de las relaciones semánticas virtuales involucradas en los juegos de palabras.

Este recurso permite la aplicación práctica de los conceptos teóricos que se intentan transmitir. La didáctica se interesa en el juego que se realiza entre *el docente, los alumnos y un saber*. Para la enseñanza de un determinado elemento, éste debe sufrir ciertas deformaciones que lo hagan apto para ser enseñado. La *transposición didáctica* es la transformación del saber científico en un saber posible de ser enseñado. Chevallard (1991) llama *vigilancia epistemológica* a la atenta mirada que debe haber respecto de la brecha existente entre el saber académico y el saber a enseñar.

La sociedad del conocimiento se fundamenta en la inteligencia humana, en el saber hacer y en la capacidad de adaptación y de creación, lo que exige individuos preparados para producir nuevos conocimientos y aptos para utilizarlos de manera creativa. Seres capaces de conocer y conocerse (De Jesús, Méndez, Andrade y Martínez, 2007).

Bibliografía

AZCOAGA, J. E. (1979). *Del lenguaje al pensamiento verbal*. Buenos Aires: El Ateneo.

BENVENISTE, E. (1979). *Problemas de lingüística general*. Siglo XXI.

BERGSON H. (1991). *La risa. Ensayo sobre el significado de lo cómico*. 4ta Ed. Buenos Aires: Losada.

CHEVALLARD (1991). *La transposición didáctica: del saber sabio al saber enseñado.* Buenos Aires: Aique.
COTO, M. R. (2004). "Lenguaje". En Di Tella et al. *Diccionario de ciencias sociales y políticas.* Buenos Aires: Ariel.
DELGROSSO, A. L. (1998). *Ambigüedad y relaciones semánticas involucradas en el Humor: ¿Desconcierto y esclarecimiento?* En prensa.
ESCARPIT, R. (1962). *El Humor.* Buenos Aires: Eudeba.
FREUD, S. *El chiste y su relación con lo inconsciente* (Traducción Luis López Ballesteros y de Torres). México: Iztaccihuatl.
MARTINET, A. (1969). *Elementos de lingüística general.* 2da ed. Madrid: Gredos.
PALMER, F. R. (1978). *La Semántica, una nueva introducción.* México: Siglo XXI.
POTTIER, B. (1977). *Lingüística general, teoría y descripción.* Madrid: Gredos.
SAUSSURE, F. (1945). *Curso de lingüística general.* 14º edición. Buenos Aires: Losada.
SIMÓN, E. (2004). *Comprender e interpretar: un desafío permanente.* Rosario: Homo Sapiens.
ULLMAN, S. (1965). *Semántica.* Madrid: Aguilar.
VICTORIA, M. (1941). *Ensayo preliminar sobre lo cómico.* Buenos Aires: Losada.

Páginas web consultadas

ATTARDO, S. (1993). "Violation of conversational maxims and cooperations: The case of jokes". En Sánchez García, F. *Teorías lingüísticas del humor.* Disponible en: www.proel.org/index.php?pagina=articulos/humor
BONET, R.; LABORDA, X.; RINCÓN, F.; SÁNCHEZ ENCISO, J. (1983). "Morfonética del humor".

Barcelona, ICE UAB, Teide, 1986. Disponible en: www.sant-cugat.net/laborda/504HUMOR.htm

DE JESÚS, M. I.; MÉNDEZ, R.; ANDRADE, R. y MARTÍNEZ R. (2007). "Didáctica: docencia y método. Una visión comparada entre la universidad tradicional y la multiversidad compleja". Revista de Teoría y Didáctica de las Ciencias Sociales. Mérida. Disponible en: www2.scielo.org.ve/scielo.php?script=sci_arttext&pid=S1316-95052007000100002&lng=es&nrm=i

GONZÁLEZ, M. (2009). "Humor, aprendizaje de idiomas e interculturalidad". En *Cuaderno Intercultural. Recursos para la interculturalidad y la educación intercultural.* Disponible en: www.cuadernointercultural.com/humor-aprendizaje-de-idiomas-e-interculturalidad/

GRANDE RODRIGUEZ, V. (2005). "A la lengua con humor: un ejemplo práctico a través de los cómics". Asele. Actas XVI. Pp. 243-352. Disponible en: http://cvc.cervantes.es/ensenanza/biblioteca_ele/asele/pdf/16/16_0341.pdf

LABORDA GIL, X. (2003). "Comunicación verbal: humor y creatividad". En Mireia Bassols et al. (coord.). *Expresión comunicación y lenguajes en la práctica educativa.* Barcelona: Octaedro.

LABORDA GIL, X. (2006). "Humor y enseñanza: peligro". En *Círculo de lingüística aplicada a la comunicación.* Disponible en: http://www.ucm.es/info/circulo/no27/laborda.pdf

LIFSHITZ, A. (2008). "Humor y ciencia médica". Medicina Interna de México 24 (6). Disponible en: http://www.nietoeditores.com.mx/download/med%20interna/Nov-Dic2008/Med%20Int-373-4.pdf

OJEDA ALVAREZ, D.; CRUZ MOYÁ, O. (2004). "Yo me parto: oralidad, humor, gramática y pragmática, un coctel lúdico para el aula de E/Le". Actas del XV Congreso Internacional de Ásele. Pp. 234-240. Disponible en: http://cvc.cervantes.es/ensenanza/biblioteca_ele/asele/pdf/15/15_0232.pdf

PODESTÁ, V. (2007). "Soy un sentimental, como casi todos". Revista Noticias. XXII (1609).

WHITE, G. W. (2001). "Teachers' report of how they used humor with students perceived use of such humor". Education; Winter, 122 (2) 337, 11 p., 1 Chart. Disponible en: http://search.ebscohost.com/login.aspx?direct=true&db=pbh&AN=6352642&lang=es&site=ehost-live

ESCOLARIDAD Y NIÑEZ

CAPÍTULO 6
PRÁCTICA SOCIAL Y CONSTRUCCIÓN
SUBJETIVA DE LA INFANCIA

Santos, Griselda[1]*;*
Pizzo, María Elisa[2]
2007

El objetivo del trabajo[3] se dirige a indagar las características del proceso de recepción y apropiación por parte de los niños de ciertos contenidos sobre la infancia que circulan en el espacio socio-simbólico. En la complejidad de este espacio emergen nuevos modos de pensar antiguas nociones, entre ellas, la infancia.

El proceso de subjetivación[4] no se enmarca, en la actualidad, únicamente en prácticas que se desarrollan en las instituciones tradicionales de la Modernidad, como el

---

[1] Universidad de Buenos Aires. Facultad de Psicología. Instituto de Investigaciones (Directora de la Investigación).
[2] Universidad de Buenos Aires. Facultad de Psicología. Instituto de Investigaciones (Codirectora de la Investigación).
[3] Proyecto UBACyT F816 (Programación 2006-2009). "Práctica social y construcción de la subjetividad en la infancia". Directora: G. Santos. Codirectora: M. E. Pizzo. Equipo: C. Saragossi, G. Clerici, K. Krauth, P. Klin, M. Cattaneo. Continuación del Proyecto Proinpsi (Fac. de Psicología UBA) 2005/2006.
[4] Por proceso de subjetivación entendemos una dinámica particular, donde el infante a la vez que se constituye como diferencia (por el singular modo en que cada sujeto atraviesa las diferentes fases libidinales), se integra en la cultura a la que pertenece (adecuándose a los modos y contenidos de regulación social que le permitirán una activa socialización). La cultura, en este punto, es comprendida de manera amplia, como bien simbólico cuya existencia se debe a que es compartida colectivamente.

estado, la familia o la escuela, sino que en nuestros días se suman otras prácticas instituidas por la circulación social de producciones tecnológicas diversas. Este trabajo se inscribe en aquellos recorridos que se proponen integrar teórica y operacionalmente la intersección entre construcción subjetiva y práctica social.[5]

Partimos del supuesto de que los mensajes vehiculizan un potencial de autoconstrucción y participan de los complejos procedimientos de *ser sujeto* de un tiempo y una cultura. Las marcas de los mensajes son recortadas y recibidas por los sujetos niños, situados en circunstancias socio-históricas específicas, quienes emplean los recursos que tienen a su disposición para integrarlos a su cotidianeidad.

A su vez, como los contenidos que los mensajes trasmiten presentan diferencias con lo que efectivamente los niños incorporan, el estudio de la recepción y apropiación de los mensajes resulta un campo privilegiado para indagar un aspecto del proceso de subjetivación. Nuestra tarea se basa entonces en el presupuesto de que, en la recepción-apropiación, los niños no sólo realizan un trabajo de comprensión sobre los temas que las producciones trasmiten sino que en la actividad misma producen su propia subjetividad.

---

[5] Nos referimos con este concepto, entendido en términos meramente descriptivos, a diversas actividades sociales, dentro de las que incluimos a las prácticas discursivas entendidas como soporte significante portador de sentidos socialmente compartidos (Perez & Zullo, en Raiter, 1999), propias de cierto contexto histórico-social. Dichas actividades poseen la cualidad de ser vehiculizadoras de sentidos, tales como valores, ideales, creencias, modos de regulación de la vida social, etc., compartidos colectivamente.

Consideraciones teóricas

El espacio de intersección entre la *representación infancia* de la época y el niño singular supone a la dimensión social como parte fundamental en la trama estructurante de la singularidad. El surgimiento de la cultura de la imagen y el avance tecnológico marcan un salto cualitativo en la producción y circulación de formas simbólicas, modificando categorías de tiempo y espacio, la posición del sujeto y su relación con el entorno, instaurando de este modo novedosas prácticas sociales. Estas producciones y sus modos de circulación vehiculizan un potencial de autoconstrucción y autoafirmación, participando de los complejos procedimientos de subjetivación.

En este punto resulta necesario resaltar dentro del proceso de recepción-apropiación de producciones mass-media que la actividad de recepción tiene características diferentes con respecto a la apropiación. Es por ello que nos interesa caracterizar tanto los contextos dentro de los cuales los niños reciben, evalúan e integran los mensajes, como así también los procesos singulares que intervienen en su apropiación.

La actividad de recepción es un complejo proceso de recorte y selección que puede darse de diversas maneras. Los mensajes son recibidos por los niños, quienes se encuentran situados en contextos socialmente estructurados por circunstancias socio-históricas específicas, y emplean diversos recursos que tienen a su disposición para integrarlos a su cotidianeidad. En cambio, el proceso de apropiación constitutivo de la individualidad implica una actividad por medio de la cual los niños no sólo comprenden los temas que los mensajes trasmiten, sino que todo ello revierte sobre su construcción subjetiva y las relaciones con los otros. Si en la recepción de los mensajes el niño no es pasivo, en su apropiación lo será menos aún, ya que allí intervendrá la capacidad elaborativa y creativa de cada singularidad. Según Ardoino (2005) apropiarse no quiere decir imitar, sino *transformar para sí,* en función de los propios ritmos temporales, de las propias implicaciones.

En los últimos tiempos, se han producido cambios radicales en los modos de circulación de las representaciones acerca de la infancia, frente a lo que preguntamos: ¿cómo se entraman estas representaciones en la construcción subjetiva de los niños?, ¿cómo reciben los mensajes que les están dirigidos?, ¿qué incorporan de ellos y cómo se integran a su experiencia? Y, más específicamente en el presente trabajo: ¿qué modalidades de procesamiento psíquico emplean los niños en actividades tales como ver televisión o jugar a videojuegos?

Marco metodológico

Los estudios sobre el proceso de recepción-apropiación de producciones mass-media pueden abordarse de diferentes formas según el enfoque propuesto. La metodología elegida proviene del Modelo de Análisis Tripartito de la Hermenéutica Profunda (Thompson, 1993), que diferencia tres niveles de análisis:

1. El *proceso de producción y transmisión de las formas simbólicas,* es decir, abordar el proceso de producción indagando las características propias de su contexto socio-histórico.

2. Los *contenidos que vehiculizan dichas formas simbólicas* y que circulan en diferentes espacios y diversidad de formatos, contienen marcas que remiten a una determinada cosmovisión del mundo en general y, en este caso, de la infancia en particular.

3. El *proceso de recepción y apropiación de esos mensajes* de las formas simbólicas por parte de los sujetos. Nivel en el que nos centramos en el actual trabajo[6] y cuya pregunta particular es: ¿qué construcciones realizan los niños a partir de las propuestas de las producciones mediáticas y de su propia experiencia en sus contextos? Nuestra investigación se dirige entonces a indagar qué toman los niños, cómo piensan, cómo juegan y de qué manera incorporan algunas formas simbólicas que les están destinadas.

Trabajo de campo

Consideramos que la presencia de estas novedosas prácticas sociales y la variación histórica y radical de la infancia requiere para ser abordada repensar la experiencia infantil desde el propio campo de experiencia de los niños. Por lo dicho, el proyecto se realizó con niños de entre 8 y 12 años de 3° y 6° grado de dos escuelas de la Ciudad Autónoma de Buenos Aires, perteneciente cada una a sectores socio-culturales diferentes: una escuela privada de la zona norte cuya población pertenece a un nivel socio cultural medio-alto, y una escuela estatal de

---

[6] La indagación que corresponde a los puntos 1 y 2 (análisis socio-histórico y análisis formal discursivo) concluyó con los informes aprobados de tres Proyectos UBACyT AP28, AP046 y P026.

zona sur, cuya población pertenece, en su mayoría, a un nivel socio cultural medio-bajo.

Para la tarea de campo se enviaron encuestas autoadministrables a todos los padres de los alumnos de los grados mencionados. Se realizaron, a su vez, entrevistas individuales y semidirigidas a niños de cada escuela. La selección fue realizada al azar, contemplando, de manera equitativa, género y edad. Estas se orientaban a abordar la relación del niño con las cuatro actividades indagadas en la encuesta a los padres: televisión, videojuegos, juegos y lectura. Finalmente, se proyectó un video realizado sobre material televisivo, y luego de este se realizó una entrevista individual con cada niño y un intercambio grupal en pequeños grupos, ambos procedimientos orientados a indagar las modalidades de recepción y apropiación del material proyectado.

Análisis e interpretación de los datos empíricos

La complejidad del material recogido en la tarea de campo[7] y el punto en que nos encontramos en la categorización e interpretación de este, condujo a seleccionar dos aspectos:

1. El *análisis e interpretación de los datos obtenidos en encuestas a los padres*. Dicha interpretación admite caracterizar diferentes contextos de recepción de los mensajes, semejanzas y diferencias de los recursos para procesar entre los niños/as y los adultos.

---

[7] Fuentes de información: 1- encuestas a padres; 2- entrevistas individuales a niños; 3- entrevistas individuales y grupales pos- videos.

2. El *análisis e interpretación de las entrevistas con los niños y niñas* que nos permite situar algunas tendencias en los modos de recibir y procesar los mensajes.

Finalmente, sintetizaremos los aspectos más relevantes de los datos relevados y expondremos aquellas interrogaciones que inducen a continuar indagando en esta problemática. Intentamos mostrar cómo las modificaciones en el proceso de subjetivación no se reducen únicamente al contenido de las significaciones vehiculizadas, sino que incluyen cambios en la estructura misma de las prácticas sociales.

Las entrevistas a los niños se organizaron alrededor de las cuatro actividades indagadas también en la encuesta a los padres: televisión, videojuegos, juego y lectura. El objetivo fue conocer las características espacio-temporales, los modos de interacción y el contexto social en el que suceden.

En relación con el número de encuestas respondidas por los padres, tanto en una escuela como en otra, observamos un nivel de participación semejante. Organizamos estos datos en tres ejes:

a. Las características de la institución dentro de la cual tiene lugar la práctica social de mirar televisión, usar videojuegos, jugar y leer.

b. La dinámica habitual de la mencionada práctica.

c. La valoración de las prácticas.

a. Al caracterizar las condiciones sociodemográficas de la población de cada escuela, se observan diferencias significativas.

La composición de la población de la escuela pública podríamos calificarla, si tomamos en cuenta la diversidad de condiciones que la componen, como heterogénea.

Aunque los orígenes familiares no fueron relevados explícitamente, observamos un porcentaje considerable de familias que han migrado de países limítrofes. Si bien existen características compartidas, las migraciones, mitos familiares, desarraigos, marcan una diferencia.

En contraposición, en la escuela privada los orígenes familiares son semejantes. Respecto al nivel educativo y la ocupación de madres y padres difieren también significativamente. La población de la escuela privada resulta más homogénea socioculturalmente.

Las diferencias observadas, tanto en origen como en estudios, actividades laborales y organizaciones familiares, ubican a cada grupo en sistemas de aspiraciones diferentes. Esta dirección nos permite situar condiciones diferenciadas socialmente en las cuales los niños reciben los mensajes de los medios y acerca de los modos de incidencia en la reinterpretación de los mensajes.

b. Thompson (1993) plantea que la recepción y apropiación de los productos massmediados deben verse como prácticas situadas, ya que ocurren en contextos sociohistóricos, tiempos y lugares particulares, por lo que al enfocar el análisis sociohistórico de los contextos enumera distintos rasgos que caracterizan dichas prácticas. Consideraremos uno de ellos: las asimetrías (relación adultos-niños) de los contextos de recepción y las relaciones entre los receptores.

¿Conocen cuánto tiempo dedican los niños a mirar televisión?, ¿poseen conocimiento acerca de los contenidos que miran?, ¿participan en la elección de los programas?

En relación con los hábitos de recepción, según las encuestas realizadas a los padres, la actividad de ver televisión juega un papel primordial en el tiempo libre de los niños. La mayoría pasa frente al televisor un promedio de dos a tres horas diarias, pero los contextos de los niños de cada escuela poseen variados componentes.

Atendiendo a tal análisis podríamos sintetizar que en la escuela privada las respuestas parecen reflejar una mayor presencia adulta, a modo de reguladores de esta práctica en el hogar. Al mismo tiempo, se registran propuestas de otras actividades extraescolares (circo, teatro, música, deportes, entre otras), una mayor facilitación a recursos técnicos y una variada oferta de libros. El lugar del niño es de quien recibe, en este caso los padres intentan ser los transmisores de los saberes.

En esta perspectiva podemos pensar que la regulación responde a intentos de controlar lo que se considera peligroso, tanto aquello que puede ingresar por las pantallas como la pasividad de estar conectado a ellas. En este grupo aparece enfatizado el control y el conocimiento.

En la población de la escuela pública la actividad de ver televisión no es cuestionada ni censurada por los adultos, sino que es compartida por ellos. Al mismo tiempo se puede inferir que los niños, en ocasiones, son los que vehiculizan las novedades, quienes ingresan material de otros contextos.

Considerando la condición de asimetría entre adultos y niños, podemos hipotetizar que los cambios en los modos de relación entre ellos pueden pensarse de acuerdo a la situación y responden a la valoración del adulto sobre la actividad y sus sistemas de aspiraciones. Esa posición parece ser más simétrica en el caso de la población de la escuela pública, en la medida en que tanto los niños como los adultos están en una posición semejante frente a los discursos televisivos. El poder diferencial de los adultos, quienes participan activamente de las negociaciones en la elección de programas televisivos, constituye un tipo de asimetría en la población de la escuela privada. Son modos diversos, con características propias, de habitar las situaciones de ver televisión.

Como hemos mencionado, las modificaciones en el proceso de subjetivación no se reducen únicamente al contenido de las significaciones vehiculizadas, sino que incluyen cambios en la estructura misma de las prácticas sociales contemporáneas con la introducción de las nuevas tecnologías y nuevas exigencias socioculturales.

c. Conocimiento y valoración: en la caracterización de los aspectos considerados se destacan caracteres distintivos de los contextos de recepción en cada grupo y de la relación entre los receptores. Para las familias de los niños y niñas de la escuela pública, la televisión no aparece como una actividad cuestionada, ni en la cantidad de tiempo dedicado ni en la valoración, ya que a más de la mitad de los encuestados les parece adecuado, a una cuarta parte le parece poco y sólo a una baja proporción le resulta excesivo. El tiempo dedicado a la televisión y su valoración se vincula directamente con la cantidad de otras ofertas posibles para los niños: en las encuestas se consignó que sólo un 28% posee computadora en la casa, y un 56% juega a videojuegos. A su vez, casi ningún niño desarrolla actividades extraescolares de manera sistemática.

El proceso de recepción parece estar condicionado por las relaciones familiares del contexto doméstico, Varios padres informan que ven televisión *en familia*.

La manera de pensar y comportarse de los adultos en relación con la actividad cotidiana de ver televisión, es diferente en uno y otro grupo. La diferencia no radica en el tiempo que le dedican los niños o la apreciación que hacen los padres sino en el lugar que ocupa la actividad en el conjunto familiar. Mientras en la escuela pública es central, consensuada entre adultos y niños, en la escuela privada se acentúa como actividad que los adultos regulan y controlan. Pensamos que la primera situación responde a modos de integración a pautas de la cultura dominante, los conecta con otros discursos y en esa perspectiva es valorada. Mientras en el otro grupo parecen responder a una valoración crítica de la actividad y se proponen controlar su consumo.

Al indagar acerca del juego de sus hijos, la mayoría de los padres de ambas escuelas respondieron que juegan. Aún no hemos analizado los datos relevados en las entrevistas con los niños.

En relación con el hábito de la lectura, los padres de la escuela privada informan que todos los niños leen de manera habitual y mencionan libros *best sellers* y propuestas extraescolares. En cambio, en la escuela pública un porcentaje significativo se refiere a libros de lectura propuestos por la escuela. En algunos casos mencionan el diccionario, revistas que acompañan al diario del domingo y publicidades que se distribuyen en la calle.

Estos datos permiten pensar que, en determinados sectores, la escuela pública es una fuente muy importante de incentivación de otras prácticas. En las entrevistas con los niños hemos confirmado esta hipótesis, la mayoría de los niños que leen obtienen los libros de lectura de la biblioteca escolar. Incluso, observamos la participación de los maestros en el estímulo de estos intereses.

En síntesis, hemos visto que en las actividades indagadas, los niños de uno y otro sector, según lo expresado por sus padres, presentan una estructura semejante: todos ven televisión, utilizan videojuegos, juegan y leen. Al profundizar el análisis de las respuestas podemos registrar cómo las condiciones de los contextos situacionales de recepción imponen ciertas marcas que condicionan los modos de apropiación.

En relación con las entrevistas de los niños en esta breve exposición nos referiremos sólo a un recorte de las características destacadas en ambos grupos en relación al tiempo diario que los niños dedican a ver televisión y jugar videojuegos, y la valoración que realizan del tiempo destinado a estas actividades.

Al respecto, cabe destacar que tanto la actividad de mirar televisión como jugar videojuegos cumplen un papel central en el tiempo libre de los niños, aun en el grupo de nivel sociocultural medio alto que tiene otras variadas actividades extraescolares.

Un punto indagado fue si los niños juegan a aquello que ven en la televisión o en los videojuegos. Encontramos que la mitad dice jugar y comentar lo que han visto. Pensamos que, en ocasiones, no fue suficientemente explorado. Aun así, este dato admite conjeturar que los modos de procesar la experiencia tal vez requieran de un trabajo con otros indicadores. Se abren interrogantes en relación con estos datos: ¿podríamos pensar que el juego para el que juega sólo existe jugando? (Gadamer, 1986) ¿No es un punto de reflexión para ellos/as? Se puede pensar que esta actividad no se relaciona con la práctica de sentarse frente al televisor, o con un tipo de intercambio verbal específico, por lo cual no poseen representaciones para responder a la pregunta del entrevistador. Es importante señalar que la mayoría de los niños que sostienen jugar a aquello que ven por televisión, en sus relatos acerca de cómo lo hacen, suelen referir que juegan junto a amigos o hermanos a representar lo visto. En tales situaciones pensamos que el juego es uno de los recursos centrales en el procesamiento de sus realidades.

En cuanto a la *valoración del tiempo* resultó interesante observar la contradicción entre la apreciación subjetiva de los niños y el intento de asignarle una medida, un número de horas de los adultos. Se podría pensar que el tiempo que pasan frente al televisor o jugando videojuegos se relaciona con una experiencia ligada al tiempo libre.

Conclusiones

Las respuestas de los padres de los niños de la escuela privada reflejan una mayor presencia adulta como reguladores de las prácticas en el hogar, posición que parece responder a una valoración crítica de estas actividades. Las características de estas respuestas admiten conjeturar que están atravesadas, fundamentalmente, por la deseabilidad social, es decir, que los padres responden de acuerdo a lo que suponen es aceptado y valorado por ellos y por su entorno sociocultural. En este grupo aparece enfatizado el control y el conocimiento. El lugar de los adultos, en la regulación de la práctica de ver televisión de los niños, se encuentra más marcada en el grupo de familias de la escuela privada que en el correspondiente a la escuela pública. Al respecto cabe señalar que la dirección de la escuela privada mostró mayor interés por el contenido del trabajo a realizar, solicitando conocer el tipo de material a proyectar a los niños. La institución replica el control de lo que los niños reciben. Lo anterior apoya el planteamiento que se ha venido manejando a través del desarrollo de la investigación, en el sentido de que la televisión es tan sólo un factor más de influencia en el individuo, ya que éste se encuentra inmerso en estructuras sociales y culturales que ayudan a determinar sus gustos, interpretaciones e impacto.

La recreación de personajes y de los diversos contenidos que la televisión propone, desplegados en la actividad lúdica, muestran cómo en el contexto cotidiano los niños utilizan recursos para interpretar y procesar la información recibida.

Si en la recepción de los mensajes el niño no es pasivo, en la apropiación de dichos mensajes lo será menos aún ya que allí intervendrá la capacidad elaborativa y creativa de cada singularidad. La apropiación implica así la singularidad del sujeto, y alude al entrecruzamiento entre universales necesarios en la constitución psíquica y relaciones particulares que lo constituyen como histórico social (Barenstein y otros, 1999). Pareciera entonces que el proceso de apropiación encuentra en las estrategias lúdicas de los niños un fuerte aliado.

Bibliografía

ARDOINO, J. (2005). *Complejidad y formación*. Buenos Aires: Novedades Educativas.

BARENSTEIN, N.; FORNARI, N.; SANTOS, G. y otros (1999). "El proceso de subjetivación en nuestros días". Revista del Ateneo Psicoanalítico (2), Buenos Aires.

COREA, C.; LEWKOWICZ, I. (2004). *Pedagogía del aburrido. Escuelas destituidas, familias perplejas.* Buenos Aires: Paidós.
CROSS, E. (1997). *El sujeto cultural. Sociocrítica y Psicoanálisis.* Buenos Aires: Corregidor.
FORNARI, N.; SANTOS, G. (2004). Informe final. UBACyT P026. "Subjetividad Infancia y Práctica social. Programación científica 2001-2003". Facultad de Psicología, Universidad de Buenos Aires.
GADAMER, H. J. (1986). *El juego como hilo conductor de la explicación ontológica. Verdad y Método.* Salamanca: Siqueme.
RAITER, A. y otros (1999). *Discurso y Ciencia Social.* Buenos Aires: Eudeba.
SANTOS G.; SARAGOSSI, C. (2000). "El juguete como objeto semiótico". Revista del Instituto de Investigaciones. Facultad de Psicología, Universidad de Buenos Aires.
SANTOS, G.; SARAGOSSI, C.; PIZZO, M. E.; CLERICI, G.; KRAUTH, K. (2007). Informe final. Proinpsi: Práctica social y construcción subjetiva de la infancia. Indagación de la recepción y apropiación de los niños de algunas producciones que los tienen como destinatarios. Facultad de Psicología, Universidad de Buenos Aires.
THOMPSON, J. B. (1998). *Ideología y cultura moderna. Teoría crítica en la era de la comunicación de masas.* México, Universidad Autónoma Metropolitana.

CAPÍTULO 7
LÓGICAS QUE CONFIGURAN LAS PRÁCTICAS DE CRIANZA EN NIÑOS CON Y SIN PROBLEMAS ESCOLARES

Rotstein de Gueller, Berta[1]*;*
Soláns, Ana Paula[2]
2014

Este trabajo se realizó en base a investigaciones llevadas a cabo en varias etapas, siguiendo un muestreo teórico. Este último tramo responde a las indagaciones de un proyecto[3] realizado en el marco de la Facultad de Investigación y Desarrollo Educativos de la Universidad Abierta Interamericana, en el Seminario de Investigación III (Trabajo de Campo) de la carrera de Psicopedagogía desde el año 2011 hasta el año 2013. Anteriormente, en dos estudios exploratorios previos se había manifestado la presencia de prácticas de crianza (PC) aleatorias, de imposición y de guía. Debido a los hallazgos, la siguiente fase se centró en familias cuyos niños tenían problemas escolares, buscando dimensionar factores constituyentes. Fue en estas circunstancias que se hallaron excepciones, las cuales indicaban que el efecto de estas difería

---

[1] Universidad Abierta Interamericana. Facultad de Desarrollo e Investigación Educativos.
[2] Universidad Abierta Interamericana. Facultad de Desarrollo e Investigación Educativos.
[3] Directora: Berta Rotstein de Gueller. Investigadora Principal: Ana Paula Soláns. Investigadoras de apoyo: alumnas de la Lic. de Psicopedagogía: María J. Naranjo, Sol Firpo, Natalia Sara, Silvana Chessa, Adriana Reaño, Marisol Rosotti, Yamila Esquivel, Carine Pringe, Andrea Gauna, Brenda Farrachol.

en algunos niños (un hijo cada tres a cinco familias) con respecto a la escolaridad. Por lo cual se decidió develar componentes que intervenían en la configuración de las PC de los niños con y sin problemas escolares y cuáles eran las lógicas que subyacían a ellos.

Antecedentes científicos

Las investigaciones sobre PC asumen diversos enfoques, conceptos, perspectivas y dimensiones. Gran parte de los estudios provienen de la psicología y se focalizan particularmente en los padres (González Tornaría et al., 2001); doscientas veinte investigaciones sobre control parental, halladas por Grolnick y Pomerantz (2009) se ocuparon principalmente de etiquetar modos de control y monitoreo. Asimismo, la construcción de tipologías y estudios de estilos parentales (permisivos, democráticos, autoritarios, indiferentes) que respondieron al grado de demandas y responsabilidad de los padres fueron abordados por Darling (1999); García Linares, Pelegrina, Lendínez (2002), entre otros. Estos estudios coinciden en que el objetivo de las prácticas de crianza es socializar y guiar el desarrollo de los niños a través de la influencia, enseñanza y control de sus conductas, rol que cumplen los padres (Darling, 1999).

Los estudios sobre el desarrollo psicosocial de los niños, según Aguirre Dávila (2002), se enfocaron en el proceso de crianza, particularmente el contacto físico y las expresiones espontáneas de afecto que favorecerían el reconocimiento y aceptación de los demás. Sin embargo, destacaron que los padres tienen dificultades para distanciarse y evaluar las situaciones de conflicto;

como consecuencia suelen resolverlas desde el control, agresión, castigos e invasión a la intimidad. Estas conductas son más visibles cuando menor es el nivel educativo parental; según este autor, son reforzadas no sólo por las tradiciones sino por los factores socioeconómicos y la marginalidad, que en conjunto, afectan la calidad de vida de los niños.

Dentro del contexto de la pobreza, Ison (2004) estudió las habilidades sociocognitivas en niños, abordando los estilos en la resolución de problemas y estrategias autorregulatorias. Halló que los niños cuyas conductas eran *disruptivas* pertenecían a familias que se caracterizaban por estilos vinculares agresivos, disciplinas rígidas, negligencia física, psicológica y afectiva. Estos estilos dentro de un modelo familiar *disfuncional* se originan en las PC familiares. Se lo asoció con la aparición y desarrollo de deficiencias en las habilidades sociocognitivas, fundamentalmente de autorregulación en la conducta de los niños.

Sin dejar de destacar la importancia del ámbito familiar, que educa más espontánea que racionalmente, por imitación e identificación, las PC colaboran con la predicción de la competencia social de los niños. Pichardo Martínez, Justicia y Fernández Cabezas (2009) estudiaron también otros marcos influyentes en la sociocognición como los amigos y la escuela. No obstante, se destacó que la clave en la conducta de los niños en la escuela se relacionaba con los conflictos parentales, particularmente el castigo como control de conductas.

En coincidencia, Conger, Elder y otros (1992) consideraron que los niños agresivos pertenecían a ambientes hostiles, disciplinas rígidas o autoritarias y estaban a merced de castigos (físico o verbal) de sus padres. Pero, por oposición, también atribuyeron a las disciplinas laxas o *inconscientes*, llevadas a cabo por padres que no sabían administrar sanciones (poco severos o con falta de efectividad) y que contribuían a una *disfuncionalidad*. Entre ellos, se destacaba el sometimiento de los padres a la voluntad de sus hijos y problemas para establecer normas. Como consecuencia, se registraban en los niños conductas con dificultades en el control de impulsos, poca empatía y problemas en la adaptación a normas.

Desórdenes de conductas en los niños también fueron asociados a disciplinas laxas por Patterson (2002), considerando que los padres reforzaban positivamente las conductas disruptivas o desviadas de sus hijos de modos involuntarios con intervenciones caracterizadas por dar órdenes y castigar. Sin embargo, sus hijos ejercían una dominación sobre ellos. De este modo, las acciones en el hogar afectaban el desarrollo de las habilidades individuales, cognitivas, creativas, la autonomía, el rendimiento académico y social de los niños en su ambiente.

En síntesis, los estudios presentados asociaban principalmente los problemas escolares en habilidades y competencias sociocognitivas de los niños a los padres y a la crianza. En ellos se establecen juegos de oposición centrados privilegiadamente en el adulto: por un lado, los que manifiestan agresión, disciplinas rígidas, castigos, hostilidad, conflictividad parental; por el otro, la negligencia y laxitud. En ambos casos parecen obtenerse los mismos resultados: conductas disruptivas sociales, emocionales y cognitivas en los niños.

El problema en este estudio surgió una vez develadas las regularidades, cuando el método comparativo constante incita a estudiar las excepciones. Aunque las PC revelaban ciertas regularidades en los estudios mencionados, producían en algunos niños distintas apropiaciones y con ellas se develaban otras expectativas.

Contexto conceptual

Al mismo tiempo, los conceptos de referencia también se ocupan de manifestar dichas regularidades, como Izzedin Bouquet y Pachajoa Londono (2009), quienes sostienen que la crianza depende de la concepción de niño y la clase social de pertenencia de los padres. Estos autores diferencian entre pautas, prácticas y creencias. Las pautas fueron definidas como las normas que proponen los padres respecto del comportamiento de los hijos, originadas en la significación sociocultural y tradiciones. Por su parte, las prácticas son consideradas procesos porque incluyen acciones encadenadas dentro de las relaciones familiares de mutua influencia; en ellas se subraya el rol educativo y la función de guía de los padres, los que fueron aprendidos durante la propia crianza y por imitación de sus progenitores. Finalmente, las creencias fueron consideradas como las certezas y explicaciones de los padres sobre las acciones de crianza que evidencian prioridades valorativas.

Tradicionalmente las PC han sido concebidas como las acciones que los padres, personas encargadas o dadores de cuidado brindan a los niños para garantizar su supervivencia y orientar su desarrollo en respuesta a sus necesidades (Simarra, 2003; Rodrigo et al., 2006). Coincidentemente, Botero (2010) también atribuye las PC a los adultos en tanto acciones y comportamientos dentro de la interacción cotidiana, con el fin de la incorporación de los niños a la sociedad, quienes deben apropiarse de normas y lenguaje. Otros autores, como Evans y Myers (1994) consideran que las PC están influidas por los patrones culturales e ideas aceptadas por una comunidad, siendo considerada la familia como el agente socializador más importante, influenciada por el contexto socio-económico y político en que ésta se desenvuelve. En este sentido, se incluyen en ellas valores y normas que orientan la socialización de los niños durante la crianza. Esta última es concebida como un proceso continuo que modela el desarrollo socio-identitario de los niños proporcionándoles una representación de mundo.

A partir de esto surge como interrogante si es adecuado atribuir la idea de unicidad de las PC o si las PC en tanto acciones dinámicas y vinculares producen distintas configuraciones constituidas por lógicas diferentes. Tomando como referencia la definición de PC de Rotstein de Gueller y Soláns (2012: 87), que las comprenden como "conjunto de acciones vinculares situadas (espontáneas, reflexivas, reproductivas) en el marco de la crianza, que influyen en la afectividad, moral, creatividad, cognición, comunicación, ambiente, socialización, corporalidad y salud de niños, adolescentes, padres o encargados y personas convivientes, cuya proyección excede los límites del hogar hacia otros ámbitos", es posible pensar que estas influencias no son unívocas en sus emergentes.

En este sentido, para este estudio se entiende no sólo que se eligen distintas prácticas acorde al ámbito y priorizaciones familiares, sino que intervienen de modo divergente. Se consideran ámbitos a aquellos espacios físicos y simbólicos en los que las personas se desenvuelven (Cromomines, 2008), como por ejemplo el familiar, escolar, vecinal, laboral, etc. Particularmente, dentro del ámbito familiar es posible la percepción de variadas conductas, prácticas parentales y educativas, así como patrones o estilos parentales (González Tornaría et al., 2001) que afectan de modo diferencial a los hijos. Aunque numerosos autores reconocen a las PC como propias del ámbito familiar, estas lo exceden tanto por sus orígenes como por la influencia mutua entre los distintos miembros de la familia y también por su proyección afuera del hogar.

En tal caso, es el ámbito escolar la primera institución, fuera de la familia, donde los niños permanecen alejados desde pequeños por largos períodos de tiempo en un espacio-tiempo con personas desconocidas y bajo una autoridad que no son sus padres. Esta institución se caracteriza por su organización bajo normas, regulaciones y roles que pre-existen a la llegada de los niños. Dentro de esta, son asignados a grupos artificiales (en general organizados cronológicamente) en los cuales practicarán hábitos y rutinas conductuales, sociales, cognitivas y culturales (Tenti en Elchiri, 1987) de autonomía progresiva que puede ser muy diferente a los practicados en el hogar.

El niño, en singularidad, amplía su bagaje de experiencias dentro de una nueva comunidad que lo obliga a adaptarse y le requiere esfuerzos y disposiciones variables (Ander Egg, 1999). Si bien se espera que los niños puedan adaptarse, en ocasiones dicha adaptación se torna inadecuada debido a que los saberes, las acciones y las posibilidades de actuar del niño no acuerdan con lo que indican las normas. En estas condiciones emanan los denominados problemas escolares. En este trabajo se considerarán a los problemas escolares como acciones desequilibradas o de no adaptación, entre lo que el niño sabe, hace (se abstiene) y puede hacer y lo que indica la norma. Son en sí mismos apartamientos[4] de normas culturales, sociales e institucionales en un complejo entramado de factores e interacciones con otras personas.

Estos factores e interacciones se configuran[5] en un particular entretejido que desarrollan las personas con el cual favorecen ciertos procesos (Litwin, 1997). Los componentes son aquellos factores que influyen, participan o colaboran produciendo efectos (Ander Egg, 2006) en una configuración. Por ejemplo, la visión parental es aquella que configura un horizonte de expectativas, una biografía anticipada de futuro (Levin y Banderas, 2001).

En los modos de concebir la crianza como hecho social, subyacen las lógicas (Sirvent, 1998) que se manifiestan en las relaciones implícitas del accionar de los integrantes de las familias. Por ejemplo, se espera que las PC de guía u orientación transformen el devenir de las acciones, del mismo modo que las de libre albedrío fortalezcan el accionar intuitivo o ya practicado de sus miembros.

En este marco, el objetivo de este trabajo fue explorar las lógicas bajo las cuales se entramaban los factores intervinientes en la configuración de las PC.

---

[4] Tomado del concepto de trastorno de aprendizaje de Elchiri (1987).
[5] Tomado del concepto sobre configuraciones didácticas de Litwin (1997).

Decisiones metodológicas

Para ello, se analizaron las 45 entrevistas en profundidad desgrabadas textualmente con el Método Comparativo Constante de la Teoría Fundamentada de los Datos (Straus y Corbin, 1990; Vasilachis de Gialdino, 2007). Las características de los casos respondieron a un muestreo teórico de estudios previos (familias con hijos que manifestaban tener y no tener problemas escolares). Los casos respondieron a un muestreo no probabilístico intencional.

La población estuvo constituida por madres cuyas edades oscilaban entre los 34 y 46 años, tenían entre tres y cinco hijos cada una (de 2 a 17 años). Ellas vivían junto a sus niños en residencias propias y se desempeñaban como empleadas en servicio doméstico, comercio, docencia y amas de casa. Los progenitores alcanzaron el nivel primario, en general incompleto y como máximo los primeros años del secundario a excepción de tres madres docentes.

Las madres con estudios obligatorios incompletos tuvieron los primeros hijos entre los 15 y los 19 años mientras que las docentes los concibieron entre los 29 y 32 años. En conjunto, tenían parejas estables (no siempre el padre de sus hijos) con nivel educativo primario, que trabajaban en changas, albañilería, comercio y transporte.

Hallazgos

Entre los hallazgos referidos a las madres se destacó que aquellas que no completaron su escolaridad mencionaron principalmente dos expectativas sobre sí mismas. Una era que les hubiese gustado "por ahí tener una carrera", y la segunda que ellas querían ser madres (tener hijos). De ambas expectativas, aunque cumplieron con la segunda, la escolaridad era socialmente aceptable "la escuela es buena", "importantísima", y que les permite a las personas "ser alguien". Además, ellas manifestaron un interés por la escuela similar para todos sus hijos "les digo que estudien", "siempre les hablo". Aunque uno solo de cada familia cumplía tal expectativa aun atravesando ciertas dificultades. La PC se configura como consejo. Se observa que aunque se valora la escolaridad, no se constituye en una práctica de guía que busque transformar al otro. Sólo una expresión de deseo.

Por su parte, las madres que completaron el secundario, magisterio (una bibliotecaria) mencionaron haber carecido de apoyo parental e inclusive manifestaron desinterés de sus progenitores por su propia escolaridad. Esto las llevó a lograr sus objetivos a fuerza de voluntad y autoimposición "quería superarme", "yo hacía todo sola".

En líneas generales, las PC guardaban similitud para todos sus hijos, en relación a algunas características personales y ciertos ámbitos. Sin embargo, atribuyeron características particulares a los hijos con problemas escolares, manifestando que solían ser "carismáticos", "pegotes" o que "zafa"[6] y "se sale con la suya". Los problemas de estos niños se presentaban en el hogar y fueron percibidos por sus progenitoras: "no le gusta que lo marquen", "es un león enjaulado" (en el auto), "pelean", "no hacen", "le digo pero no lo hace", "es haragán",[7] "vos te

---

[6] En el mismo sentido salirse con la suya.
[7] Estas etiquetas se estudiaron en la investigación anterior. El riesgo consiste en que no se perciben matices y dificultan percibir la posibilidad de cambiar.

moviste... giró tres o cuatro veces alrededor de la mesa, se va a mirar la mosca que pasó". Pero en el ámbito escolar se puso en evidencia y surgieron problemas específicos: "siempre le costó", "tiene una letra horrible", "nunca pudo cambiar", "no le queda", por ello indicaron que tanto ellas como las maestras debían desplegar estrategias de apoyo constante e individualizado.

De alguna forma, las PC se configuraban de modo que eran los niños los que estaban imponiendo su accionar y nada se podía hacer al respecto debido a que los problemas escolares eran específicos y permanentes, pero tampoco se esperaba otra cosa de ellos: "enseguida abandona", "no le importa", "no le afecta", "no tiene voluntad", "se enoja", "se angustia", "zafa", "se sale con la suya".

También expresaron que no les era estimulante ni el propio ejemplo maternal, ni el de sus hermanos para orientarlos a asumir desafíos o responsabilidades: "le hablo y le doy el ejemplo del hermano pero igual no quiere", "le digo mirá cómo yo trabajo, estudiá, estudiá". Estas PC no alcanzaban a producir un cambio y tampoco se esperaba eso de ellas. No llegaban a configurarse como guía, sino como consejo (orientación verbal) en tanto preocupación maternal: "le digo lo que tiene que hacer, que no se tiene que distraer, que tiene que prestar atención", " no tiene que perder las cosas de las escuela", "le hablo y le hablo", "le doy todo con tal que se porte bien en la escuela". Estas manifestaciones incluyen a los docentes: "hablo con la seño", "converso con la maestra porque ella se pone nerviosa", "la seño lo tiene entre ojo".

Manifestaron además que los hijos sin problemas escolares solían enfrentarse a situaciones similares a las de sus hermanos, pero que el modo de afrontarlas era distinto: "pilas, pilas, pilas", "voluntad", "constancia". En este sentido, reconocieron que no siempre les va bien en todas las materias pero que igual les gusta ir a la escuela, que son algo tímidos pero capaces de afrontar a maestras "gritonas" e inclusive las ayudan a poner límites a sus hermanos: "los marcan".

En coincidencia con las experiencias de las madres con escolaridad completa, estos niños "siempre hacen todo solos", "nunca me trae problemas, no sé ni cuándo estudia", "los otros días no entendía cómo resolver matemática, pero se puso sola y lo sacó". La lógica subyacente indicaba PC de albedrío debido a que los niños por sí solos son los que regulan su accionar.

Lo interesante es que, precisamente a partir de lo que perciben padres e hijos en relación al ámbito escolar, se configuran visiones de futuro divergentes. Estas conforman horizontes de expectativas que diferencian a unos hijos de otros. En los casos de los niños con problemas escolares, las madres no los imaginan en una carrera, manifiestan que sus hijos "no hablan de seguir estudiando", que prefieren tener su "dinero para salir" (los que trabajaban) y los ven "definiéndose" y "juntados con una pareja" en el futuro.

Por el contrario, las expectativas de padres y hermanos con respecto a los niños que no se amedrentaban ante los problemas escolares o que les iba bien en la escuela, eran específicas, indicando claramente lo que harían porque en ese momento los ven comprometidos con lo que les gusta: "está todo el día con los animales, seguro será veterinaria", "es la chef de la casa, la encargada de la cocina". Inclusive imaginan futuros concretos: "lo veo terminando[8] Arquitectura en La Plata", "la veo

---

[8] El hijo estaba en el secundario aún.

actuando y cantando" (aun cuando refiere a su hija como muy tímida).

Los hijos e hijas mayores de 15 años en su mayoría trabajaban. Casi la mitad había abandonado la escuela en los primeros años del secundario al momento de las entrevistas. Las madres manifestaron que estos hijos sostenían la continuidad laboral en tareas como el cuidado de personas, albañilería, limpieza, sin que ellas intervengan. Esta cuestión generaba un contraste con la falta de continuidad escolar o la certeza de los problemas escolares como estados, llegando inclusive al abandono. Se observa que las PC de albedrío se tornan funcionales para cuestiones relacionadas con las tareas del hogar o con la continuidad laboral, pero resultan inoperantes en lo relacionado con la continuidad escolar. De algún modo, la lógica que subyacía a las PC indicaba jerarquizaciones divergentes según el ámbito.

Con respecto a las edades, se registraron también diferencias en la configuración de las PC entre los hijos pequeños y adolescentes con respecto a las responsabilidades dentro del hogar. Se registró que a los niños menores de 10 años no se les asignaban responsabilidades. No se recolectaron verbalizaciones que indicasen una asignación progresiva de tareas, excepto cuando refirieron a que los hijos las habían asumido por propia voluntad. La lógica subyacente indica PC de albedrío debido a que los niños por sí solos son los que deciden sobre su accionar.

Por el contrario, cuando los niños "están grandecitos" las madres indicaron que ellos desempeñaban ciertas tareas como limpieza del hogar, cuidado y traslado de hermanos. Estas habían sido asumidas por los hermanos mayores y particularmente los adolescentes al momento de las entrevistas. Para estos niños, las PC se configuran como consejo (orientación verbal) en tanto preocupación materna:[9] "vas al baile, cuidate". Inclusive, brindaban como ejemplo sus propias experiencias "vos tenés todo acá, no te compliques, mírame a mí con cuatro hijos". Además, las madres declararon que cuanto más permisivas se mostraban, menor resistencia obtenían de sus hijos y mejores respuestas: "soy un poco permisiva (...) en realidad cuanto menos resistencia les pongo, son más dóciles". Inclusive ante excesos de alguno de sus hijos mayores (como incumplimientos de horarios y/o consumo de alcohol) valoraron que los hermanos no implicados intercediesen, facilitando para que ellas "aflojaran".

Sin embargo, en cuanto a cuestiones relacionadas con la higiene, o los límites, se observaron de PC pautadas configuradas como imposición, castigo: "soy muy estricta, protectora", "si yo no los baño, es como que ellos no se bañaron bien, las uñas les quedan sucias", "si sale sin permiso lo pongo en penitencia", "no ver televisión o no salir".

Finalmente, con respecto a los primogénitos en las madres que experimentaron embarazo precoz (menores) sus hijos constituyeron una fuente manifiesta de seguridad, privilegiándose la compañía de estos bebés en medio de tensiones familiares: "como que me sentía más protegida con ella, me sentía más acompañada". De hecho ese primer niño fue uno de los motivos por el cual abandonaron la escuela y orientaron sus esfuerzos

---

[9] Excepto en un caso: "no me obedecen así en un horario y si no vienen, en un horario, mañana no sale (...) Y si se me escapan, bueno, entonces bueno, si (...) te me escapás vas a estar toda la tarde encerrado en tu habitación".

laborales, e inclusive se independizaron, más adelante, de sus familias de origen: "yo vivía para ella, trabajaba para ella, la llevaba a la escuela, la iba a buscar y todo". Algunos de estos hijos cumplían un rol de apoyo en lo doméstico, económico y emocional.

Reflexiones

En estudios previos se habían hallado componentes que configuraban las prácticas. En este trabajo se concluye que las PC se configuran bajo una lógica dinámica inseparable de las experiencias de interacción entre las madres y cada uno de sus hijos. Entre los componentes que influyen en esta configuración se encuentran los ámbitos en que se proyectan las PC, la edad de los hijos y la visión que tienen los padres sobre cada hijo y su futuro asociado a la problemática escolar. Una de las lógicas que nuclea las PC es la jerarquización de competencias relevantes de ciertos aspectos socio-culturales, como las tareas domésticas o el trabajo por encima de otros como los escolares.

Como el lector habrá notado, la gestión de las tareas del hogar se encuentra bajo la responsabilidad materna junto a sus hijos mayores. Las escasas verbalizaciones con relación a los padres varones, permitieron suponer que estos se configuran en una función complementaria o "rueda de auxilio"[10] limitándose a colaborar y/o proveer ingresos económicos, en general de carácter esporádico.

---

[10] Código *in vivo*.

Puede afirmarse, entonces, que el eje de las PC acorde al análisis de estas entrevistas se configura principalmente entre madres e hijos.

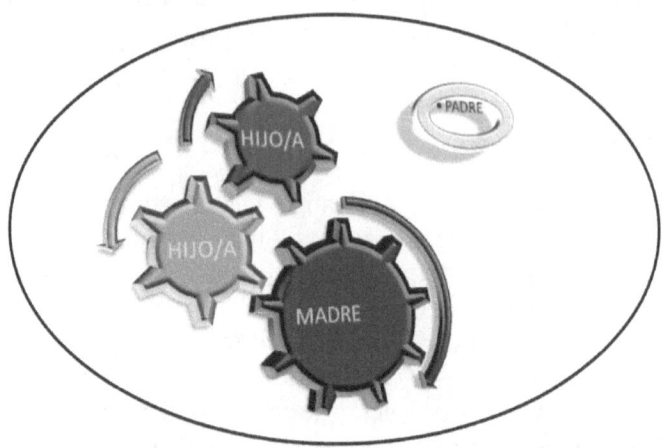

Se conjeturó que una de las lógicas subyacentes a las PC indicaba que las prácticas escolares no gozaban de la misma jerarquización que las domésticas y laborales. Esto resultaba muy importante en tanto se conectaba con otra lógica relacionada a las competencias:[11] no dudaban de que los hijos podían desempeñar perfectamente tareas y responsabilidades domésticas y laborales, pero no existía tal seguridad con respecto a las escolares. De hecho, sólo en el caso en que los niños tuviesen una disposición personal hacia este ámbito o un afán de superación, no se esperaba que pudiesen afrontar los desafíos que éste proponía.

Debido a que muchas madres habían abandonado la escolaridad y que las tres que afrontaron con éxito

---

[11] Competencia social: "habilidad para enfrentar las demandas de una situación de manera adecuada". Pichardo Martínez et al. (2009).

estas experiencias lo hicieron sin apoyo parental y dependiendo de sus esfuerzos individuales, se consideró la posibilidad de la carencia de herramientas o desconocimiento del modo de implementarlas con sus hijos con problemas escolares. Pero también era posible considerar que los logros familiares no requirieron escolaridad. Era lógico suponer que se espere que los niños con problemas escolares siguiesen estos caminos que los condujeron a cumplir sus expectativas de maternidad e independencia de sus familias de origen. De hecho, esta lógica se refuerza en las entrevistas, al enunciarse el orgullo por la continuidad y cumplimiento en el desempeño laboral de los niños mayores (en ocupaciones similares a los de sus progenitores), la expectativa de pareja precoz, el cuidado de hermanos y el cumplimiento de labores domésticas, tal como ellas lo habían hecho en las mismas edades.

De este modo, la escuela se configuraba como objeto deseable, como expectativa social abstracta, pero no en la realidad. Terminar la escolaridad implicaba superponer o jerarquizar otras responsabilidades, postergar deseos, sin expectativas concretas de otras opciones laborales, académicas o socio-culturales. Únicamente en los casos de los hijos que manifestaron disposición hacia la escuela se configuró este horizonte posible.

Discusión

Puede afirmarse que, a diferencia de otros antecedentes científicos, las PC se configuran de modos distintos en los hijos mayores respecto a los más pequeños, según el ámbito y, en particular, en el escolar según el afrontamiento de los niños ante los desafíos que éste propone.

Los problemas que se perciben en el ámbito escolar no se asumen como tales en el doméstico o laboral, donde no se duda de las competencias de los niños. Esto puede asociarse a expectativas de futuro centradas en las propias experiencias maternales.

Ha de tenerse en cuenta el tipo de trabajo que las madres de estos niños enunciaron que desempeñan: albañilería, cuidado de personas y limpieza de casas. Esto implica que las PC se configuran estratégicamente según el ámbito de influencia y en estrecha relación con las características que los integrantes de la familia despliegan. Es posible que estos aspectos dificulten la adaptación al ámbito escolar.

En consecuencia, se propone a profesionales y organismos relacionados con la crianza brindar a los padres e hijos experiencias que les permitan la rejerarquización de competencias y ámbitos, generar visiones de futuro alternativas, así como fortalecer en la reflexión-acción que les ayude a generar una construcción conjunta de PC alternativas, que les ofrezca un andamiaje[12] adaptativo amigable que les permita captar e interactuar con las oportunidades que les brinda el entorno.

Bibliografía

ANDER EGG, E. (1999). *Diccionario de Pedagogía*. Buenos Aires: Magisterio.

BOTERO, P.; SALAZAR, M.; TORRES, M. (2009, noviembre). "Narrativas y prácticas de crianza: hacia la construcción de relaciones vinculantes, lo público

---

[12] Provisorio y de creciente autonomía y responsabilización progresiva.

y la democracia frente a la violencia intrafamiliar en ocho Observatorios de Infancia y Familia - OIF del Departamento de Caldas". Memorias del Foro Mundial de Grupos de trabajo por la Primera Infancia Sociedad Civil. Cali, Colombia. Ministerio de Educación Nacional. Disponible en: www.colombiaaprende.edu.co/.../articles-237883_recurso_47.pdf. (Fecha de consulta: 12/08/2012).

CONGER, R. D.; CONGER, K. J.; ELDER, G. H.; LORENZ, F. O.; SIMONS, R. L.; WHITEBECK, L. B. (1992). "A family process model of economic hardship and adjustment of early adolescent boys. Child development", 63: 526-541. Disponible en: http//www.colorado.edu/ibs/pb/Thornberry/socy7004/pdrs/afamiliprocessmodelofeconomichardshipandadjustment.pdf

COROMINES, J. (2008). *Breve Diccionario Etimológico de la Lengua Castellana*. Madrid: Gredos.

CASAS, F. (1992). "Las representaciones sociales de las necesidades de niños y niñas, y su calidad de vida". Barcelona: Anuario de Psicología 53: 27-45. Disponible en: http://www.raco.cat/index.php/anuariopsicologia/article/viewFile/61042/88715 (Fecha de consulta: 16/7/2009).

PICHARDO MARTÍNEZ, M.; JUSTICIA, F.; FERNÁNDEZ CABEZAS, M. (2009). "Prácticas de crianza y competencia social en niños de 3 a 5 años". Pensamiento Psicológico, 6 (13): 37-48. Disponible en: http://redalyc.uaemex.mx/pdf/801/80112469004.pdf el 16/11/2010

DARLING, N. (1999). "Parenting Style and Its correlates". University of Illinois. Champaign: ERIC Digest.

EVANS, J.; MYERS, R. (1994). "Prácticas de crianza: creando programas donde las tradiciones y las prácticas modernas se encuentran". Tesis de maestría. México: Universidad del Valle.

ELICHIRY, N. E. (comp.) (1987). *El niño y la escuela: reflexiones sobre lo obvio*. Buenos Aires: Nueva visión.

GARCÍA LINARES, M. C.; PELEGRINA, S.; LENDÍNEZ, J. (2002). "Los estilos educativos de los padres y la competencia psicosocial de los adolescentes". Barcelona: Revista de la Facultad de Psicología. 3(1). Disponible en: http://www.raco.cat/index.php/anuariopsicologia/article/viewFile/61699/88466 (Fecha de consulta: 10/11/2009).

GONZÁLEZ TORNARÍA, M. L.; VANDEMUELEBROECKE, L.; COLPIN, H. (2001). *Pedagogía Familiar*. Montevideo: Trilce.

GROLNICK, W.; POMERANTZ, E. (2009). Issues and Challenges in Studying Parental Control, Society for Research in Child Development 3 (3): 165-170.

IZZEDIN BOUQUET, R.; PACHAJO, A.; LONDONO, A. (2009). "Pautas, prácticas y creencias acerca de crianza". Ayer y hoy. 15 (2): 109-115.

LEVY, R.; BANDERAS, L. (2001). *Cuando es preciso ser padres*. Buenos Aires: Sudamericana.

LITWIN, E. (1997). *Las configuraciones didácticas. Una nueva agenda para la enseñanza superior*. Buenos Aires: Paidós Educador.

PICHARDO MARTÍNEZ, M. C.; JUSTICIA, F.; FERNÁNDEZ CABEZAS, M. (2009). "Prácticas de Crianza y competencia social en niños de 3 a 5 años". Revista Pensamiento Psicológico 6 (13): 37-48.

RODRIGO, A.; ORTALE, S.; SANJURJO, M. V.; PIOVANI, J. (2006). "Creencias y prácticas de crianza en

familias pobres del conurbano bonaerense". Archivo Argentino de Pediatría 104 (3). Pp. 203-209.
ROTSTEIN DE GUELLER, B.; SOLÁNS, A. P. (2012). *Prácticas de Crianza*. Berlín: EAE.
SIMARRA, J. (2003). Socialización y prácticas de crianza en Colombia 1992-2002. Bogotá.
SIRVENT, M. T. (1998). "Los diferentes modos de operar en investigación social". Ficha inédita. Facultad de Filosofía y Letras de la Universidad de Buenos Aires.
SIRVENT, M. T. (1995). "El proceso de investigación y las dimensiones de la metodología y la construcción del dato científico". Ficha I (Inédita). Cátedra de Investigación y Estadística Educacional. Facultad de Filosofía y Letras, UBA, OPFyL.

CAPÍTULO 8
AUTOCONCEPTO Y PERCEPCIÓN DE PAUTAS PARENTALES DE CRIANZA EN NIÑOS ESCOLARES

Clerici, Gonzalo[1]*;*
García, María Julia[2]
2014

En el marco del proyecto UBACyT P003 "Las prácticas parentales de crianza desde la perspectiva de los niños" se llevó adelante una investigación acerca de las posibles relaciones entre la percepción de pautas de crianza en niños y niñas de edad escolar, y el autoconcepto, como registro subjetivo de sí mismo. El presente trabajo abordará aspectos generales de esta investigación, tales como el marco teórico, el marco metodológico, y algunos resultados del estudio realizado.

Marco teórico

Autoconcepto

Entendemos por autoconcepto el registro subjetivo de lo que uno percibe y valora de sí. Ha sido considerado desde múltiples enfoques a lo largo del tiempo. Las primeras referencias se encuentran en la obra de James (1890), quien planteó un modelo multidimensional del *self*. A su criterio, este se encontraba constituido por un *self* material (compuesto por el propio cuerpo y las

---

[1] Universidad de Buenos Aires. Facultad de Psicología.
[2] Universidad de Buenos Aires. Facultad de Psicología.

posesiones materiales de cada quien), un *self* social (donde se expresan las características reconocidas por los otros) y un *self* espiritual (referido a los pensamientos, disposiciones personales, juicios morales). A su vez, estas dimensiones estaban organizadas jerárquicamente siendo el *self* espiritual el más importante, al considerarlo el núcleo interno. A comienzos del siglo XX, Mead (1934) y otros autores interaccionistas simbólicos enfatizaron las interacciones sociales como aspectos fundamentales para la comprensión del *self*. En este marco, y desde una perspectiva evolutiva, se subrayó el valor de los vínculos con los otros significativos, especialmente durante la niñez. El sí mismo fue entendido como aquello que imaginamos que los otros piensan sobre nosotros. Ya entrada la primera mitad del siglo XX, en el marco del conductismo, se desestimó el valor del constructo al considerar inviable su medición objetiva. Será recién luego de la revolución cognitiva de mediados del siglo pasado cuando se lo deja de asumir de manera global, para enfatizar sus diferentes funciones, renovando así el interés por el constructo. En esta línea se encuentran planteos tales como los de Cicchetti (1990), quien sostiene que entre las funciones de los modelos operativos del *self* están las de organizar la conducta, la atención y la memoria, todas al servicio de la interacción social. Desde otra perspectiva teórica, Bandura (1990), con el concepto de autoeficacia enfatizó la agencialidad y las expectativas de éxito para la comprensión del funcionamiento de las personas para obtener logros. Por su parte, Leary y Downs (1995) postularon que una de las funciones de la valoración del sí mismo es la de modular la interacción social en el sentido de favorecer la integración, puesto que las conductas que aumentan esta valoración tienden a disminuir la probabilidad de rechazo social. En años más recientes, diversos autores (Marsh, 1986; Marsh y Hattie, 1996; Harter, 1985; Shavelson y Marsh, 1986) profundizaron la perspectiva que contempla al constructo como fenómeno multidimensional, al sostener la existencia de dominios relativamente independientes unos de otros que se desarrollan a lo largo de la vida. Estos dominios constituyen el llamado autoconcepto global. Esta última perspectiva es la considerada más fecunda en la actualidad, diferenciando percepciones parciales del *self*, tales como el autoconcepto académico, el social, el físico, etcétera.

Ahora bien, más allá del modo en que se define al autoconcepto, son muchos los desarrollos teóricos que estudian su proceso evolutivo. Thompson (1998) considera la existencia de modos pre-representacionales de la autoconciencia. Entre los que incluye los perceptuales, los afectivos, y los referidos al sí mismo como agente de la acción. En coincidencia con esta posición, autores como Stern (1991) o Trevarthen (1979) enfatizan la emergencia de procesos intersubjetivos que aportan un registro social, durante el segundo semestre de vida, al *self* en constitución. Lewis y Brooks-Gunn (1979) sostienen que a los 18 meses se verifica el autorreconocimiento visual, como indicador de la constitución del sí mismo. Mahler, Pine y Bergman (1975) consideran también que es durante el segundo año de vida cuando a partir de la autonomía creciente se realiza el pasaje hacia la autoconciencia. Según Thompson (1998) es a partir del tercer año de vida cuando en la construcción del autoconcepto se integran elementos de la autoevaluación, basados en la apropiación por parte de los niños de los estándares parentales de conducta y de la internalización de las reacciones evaluativas de los adultos. Será recién en los años escolares cuando el autoconcepto se amplíe mediante la acumulación de una gran variedad de imágenes de sí, y comience a configurar un conjunto de percepciones sobre el sí mismo relativamente estables que enriquezcan el sentido de la identidad del niño (L'Écuyer, 1985).

Pautas parentales de crianza

La familia como institución social cumple funciones muy importantes referidas a la configuración de la subjetividad. Es un actor clave en el proceso de socialización y construcción subjetiva. Existen diversos modos de nombrar los comportamientos y actitudes de los padres en relación con sus hijos, cuyos objetivos últimos implican el intento de modelar su conducta, en función de la adaptación social. Habitualmente se los llama *pautas de crianza* o *estilos parentales*, o *prácticas parentales de crianza*. Todos de algún modo admiten la diferenciación entre los contenidos y las formas. Por contenidos entendemos valores, representaciones sociales, propias de un contexto y un tiempo, y por las formas a los modos en que estos contenidos son transmitidos. En este punto se asumen dos dimensiones como constitutivas de las prácticas parentales de crianza: el apoyo y el control. Por apoyo entendemos al afecto parental, que implica la sensibilidad de los padres hacia los hijos, motivando la autonomía, autoafirmación y autorregulación de estos últimos. Y por control, a la exigencia parental, que implica las demandas parentales y los esfuerzos disciplinarios. El apoyo parental se lleva adelante mediante actitudes y conductas referidas a recompensar, reconfortar, asistir, compartir actividades y espacios de conversación con los hijos, realizar evaluaciones positivas en cuanto al desempeño, impulsando así una mirada favorable sobre sí mismos alentando la autonomía. En relación al control, se deben diferenciar aspectos positivos y negativos (Grolnick y Pomerantz, 2009). Entre los primeros se encuentra el ordenar, regular, establecer límites, intentar modificar conductualmente el funcionamiento de los niños mediante sanciones con penitencias o removiendo privilegios. Entre los aspectos negativos del control pueden mencionarse el gritar, criticar, amenazar, insistir, castigar físicamente o bien el ignorar a los hijos como demostración de rechazo al mismo. Ahora bien, la modalidad de interacción entre estas dos dimensiones ha dado lugar a diversas tipologías de las dinámicas familiares. Los desarrollos de Baumrind (1967; 1971) han marcado un antes y un después en el estudio de las prácticas parentales de crianza. Su tipología distingue tres tipos: "autoritaria" (*authoritarian*), "con autoridad" (*authoritative*), y "permisiva" (*permissive*). Por el tipo "autoritario" se entiende una modalidad de crianza que implica padres exigentes y directivos, pero poco sensibles y empáticos con las necesidades de sus hijos. Estos padres brindan ambientes bien estructurados y altamente reglados, utilizando técnicas disciplinarias coercitivas. La exigencia y el control priman por sobre la expresión del afecto. Por su parte, los padres "con autoridad" son altamente exigentes y sensibles a la vez. Sus métodos disciplinarios son de apoyo más que punitivos, y se caracterizan por ser altamente flexibles con las necesidades de sus hijos. Finalmente, por "permisivo" se entiende a padres más sensibles que exigentes. Son padres poco coercitivos y severos, que permiten conductas de importante autonomía en los hijos, evitando la confrontación.

Son a su vez muy expresivos a nivel afectos. Maccoby y Martin (1983) agregaron a la tipología de Baumrind un cuarto tipo de estilo parental caracterizado por la negligencia y la falta de compromiso. Este cuarto estilo es mencionado como "negligente" en la literatura, donde los niveles son bajos tanto en control como en apoyo o afecto parental. La dinámica familiar presente en este cuarto estilo implicaría altos valores de indiferencia parental hacia sus hijos.

Pautas de crianza y autoconcepto

Son escasas y relativamente recientes las investigaciones que indagan la relación entre el autoconcepto y las pautas de crianza. Y específicamente en cuanto a la relación entre el autoconcepto en niños y la percepción por parte de ellos de las pautas de crianza de sus padres. En la revisión bibliográfica se registran muy pocos estudios, y salvo los trabajos en la Argentina de Richaud de Minzi (2005; 2007), el resto pertenecen a otros contextos socioculturales. En la revisión bibliográfica en lengua anglosajona se registran pocos estudios, y entre ellos los más citados son los de González, Holbein y Quilter (2002); Bean, Bush, McKenry y Wilson (2003); Dornbusch, Ritter, Liederman, Roberts y Fraleigh (1987) y Kernis, Brown y Brody (2001). Entre los más destacados en lengua castellana y portuguesa se encuentran: Alonso García y Román Sánchez (2003; 2005); Martínez, Musitu, García y Camino (2003); Musitu y García (2004); Viganó Zanoti-Jeronymo y Pimenta Carvalho (2005); Cia y Barham (2005); Weber, Brandenburg, y Viezzer (2003); y Weber, Stasiack y Branderburg (2003).

Es interesante destacar que más allá del contexto sociocultural donde hayan sido realizados los estudios, en todos se sostiene la existencia de relaciones significativas entre ambos constructos. En particular, estudios similares aunque no enfocados exclusivamente en población infantil, realizados en Medio Oriente arrojan resultados similares a los hallados en el mundo occidental. Por ejemplo, en Irán, Zakeria y Karimpour (2011) plantean que en una muestra de adolescentes los aspectos de las prácticas parentales tales como la aceptación y el garantizar la autonomía psicológica pueden ser pensados como predictores de una autoestima positiva. Zabihi Hesari y Hejazi (2011), en el mismo país, en un estudio con 300 estudiantes universitarios, sostienen que los estilos parentales que pueden mencionarse como "con autoridad" correlacionan positivamente con una autoestima alta y con bajos niveles de agresividad. Por su lado, Ajilchi, Rezaei Kargarb y Kalantar Ghoreishi (2013) encontraron en una muestra de 250 niños y niñas iraníes de promedio 10 años de edad, asociaciones estadísticamente significativas entre la autoestima positiva y el estilo de crianza "con autoridad". Por su parte, en India, Deshpande y Chhabriya (2013), en una investigación llevada adelante con adolescentes, se considera que la existencia de relaciones positivas con sus padres reduce las probabilidades de conductas de riesgo en la adolescencia. A su vez, Zimbabwe Maziti (2014) sostiene la existencia de una correlación positiva entre el estilo parental "con autoridad" y la autoestima en una muestra de 98 estudiantes secundarios, y una correlación negativa entre el estilo "autoritario" y la autoestima. Por su parte, en estudios realizados con muestras anglosajonas, Bean, Bush, McKenry y Wilson (2003), González, Holbein y Quilter (2002) y Dornbusch, Liederman, Roberts y Fraleigh (1987) arrojaron que el estilo de crianza "con autoridad" correlaciona positivamente con los valores más altos de autoconcepto de los hijos. En la misma línea, Kernis, Brown y Brody (2000) han hallado en una investigación realizada en Estados Unidos con una muestra de más de 100 niños de entre 11 y 12 años, que los niños que percibían a sus padres como más críticos y psicológicamente más controladores presentaban niveles más bajos e inestables de autoconcepto. En la revisión de la literatura en habla portuguesa y castellana, en Brasil por ejemplo, Weber, Brandenburg y Viezzer (2003) en un estudio realizado con 280 niños de entre 9 y 12 años han encontrado que el estilo parental "con autoridad" correlaciona positivamente con niveles altos de optimismo en los niños. Por el contrario, el estilo de crianza "negligente" es el que se asocia con los niños que poseen los niveles más bajos de optimismo. Para estos autores, la ausencia de optimismo se vincula con un humor depresivo, resignación, bajo rendimiento, etcétera. En otro artículo, Weber, Stasiack y Branderburg (2003) exploraron las posibles relaciones entre la autoestima y las pautas parentales de crianza en una muestra de 100 preadolescentes de 13 años en promedio. Allí afirman que la autoestima se vincula con interacciones positivas entre padres e hijos, dado que los sujetos que presentaron niveles más altos de autoestima correlacionaban positivamente con interacciones positivas en su espacio familiar. A su vez, Viganó Zanoti-Jeronymo y Pimenta Carvalho (2005), en un estudio realizado con niños brasileños de entre 10 y 12 años, agrupados en dos subgrupos, uno compuesto por hijos de padres sanos y otro grupo compuesto por hijos de padres con antecedentes de alcoholismo, encontraron que los niños del segundo grupo presentaban un autoconcepto más negativo y rendimientos escolares menores comparados con el otro grupo de niños. Por su lado, Cia y Barham (2005) han encontrado que la mayor presencia de los padres en el hogar, y por lo tanto mayor cantidad de tiempo de interacción entre padres e hijos, correlaciona positivamente con niveles más altos de autoconcepto académico en una muestra de niños brasileños de entre 10 y 12 años de edad. En España, Alonso García y Román Sánchez (2003, 2005) trabajaron con una muestra de 283 familias con hijos de entre 3 y 5 años. Allí hallaron que la percepción por parte de los niños del estilo parental "equilibrado" (similar al estilo "con autoridad" caracterizado por Baumrind (op. cit.), que posee altos valores tanto en afecto como en control, se asocia con un mayor nivel de autoestima en los niños. Por el contrario, la percepción de los niños de ser criados bajo el estilo parental "autoritario" se asocia con los niveles más bajos de autoestima, tal como sucede, aunque en menor medida, con los niños que perciben un estilo familiar "permisivo". Para estos autores el estilo educativo familiar funciona como un predictor del autoconcepto de los niños. Sin embargo, Musitu y García (2004) y Martínez, Musitu, García y Camino (2003) han encontrado, en muestras españolas como así también brasileñas, que el autoconcepto (ya no en niños sino en adolescentes, que perciben el estilo parental de sus padres como "permisivo") llamado por los autores "indulgente" (es decir, con bajos valores de coerción y altos valores de afecto) posee valores iguales o incluso mayores que en aquellos adolescentes que perciben a sus padres como "con autoridad". Este hallazgo contradice lo expuesto por Alonso García y Román Sánchez (op. cit.). Richaud de Minzi (2005), en una muestra de

1.010 niños argentinos de entre 8 y 12 años halló que el vínculo entre padres e hijos caracterizado por la aceptación y el control normal facilita los afrontamientos adaptativos ante situaciones estresantes en los niños. En cambio, las relaciones caracterizadas por el control patológico y la baja aceptación de los padres hacia sus hijos, características del estilo "autoritario" de crianza, se relaciona con afrontamientos desadaptativos (tales como la evitación cognitiva, la inhibición generalizada y sentimientos de soledad en relación a los pares). La misma autora plantea que los métodos coercitivos presentes en la disciplina parental favorecerían la tendencia al aislamiento social en los niños.

Se expondrán en este trabajo los resultados hallados al indagar las posibles relaciones entre el autoconcepto global y la percepción del apoyo y control de sus padres, en una muestra de niños y niñas pertenecientes a contextos urbanos en Argentina.

Metodología

La muestra estuvo constituida por 105 niños y niñas de entre 7 y 12 años de edad, pertenecientes a dos escuelas: una de gestión pública y otra de gestión privada, ambas de la Ciudad Autónoma de Buenos Aires.

Los instrumentos utilizados fueron dos:

1. Para indagar el autoconcepto de los niños y las niñas se implementó la escala *Piers-Harris Children's Self-concept Scale, Second Edition*, realizada por Piers y Herzberg (2002) en Estados Unidos. Esta cuenta con 60 ítems que se responden por "sí" o por "no". Evalúa seis subdimensiones del autoconcepto global: conducta,

estatus intelectual y escolar, apariencia y atributos físicos, ansiedad, popularidad, felicidad y satisfacción. Los puntajes en estas seis subdimensiones brindan un puntaje total que permite definir la valoración del niño hacia sí mismo de modo global.

2. Para indagar la percepción de las pautas parentales de crianza por parte de los niños y niñas se utilizó la adaptación castellana del PEPPE (*Practiques Éducatives Parentales Perçues par l' Enfant*) de Fortín, Cyr y Chénier (1997), versión francesa del PPI (*Parental Perception Inventory*) de Hazzard, Christensen y Margolin de 1983, que se empleó en el proyecto UBACyT P003. Esta consiste en 18 ítems, 9 positivos y 9 negativos. Los positivos se refieren a comportamientos parentales de apoyo parental y los negativos, en cambio, a diversos modos de control (tanto positivos como negativos). Para cada ítem el niño debe evaluar la frecuencia de la conducta parental en cuestión, en base a una escala *Likert* de 5 puntos (0: nunca; 4: siempre).

Resultados

La correlación entre el apoyo y el control parental percibido por los niños, tanto por parte de la madre como por parte del padre, resulta ser estadísticamente muy significativa. Asimismo, estas dimensiones también correlacionan significativamente con el autoconcepto global.

Más específicamente, cuanto más apoyo perciben los niños por parte de la madre como por parte del padre, mayor es el puntaje de su autoconcepto global (r = .38 y r = .44, y P<0.001, respectivamente).

Inversamente, respecto al control que los niños perciben por parte de la madre y por parte del padre se observan correlaciones significativas pero negativas ($r = -.43$ y $r = -.46$, y $P<0.001$, respectivamente); por lo cual puede afirmarse que cuanto mayor es la percepción de control parental de los niños, menor es el puntaje obtenido en el autoconcepto global.

Finalmente, resulta interesante destacar que en esta muestra, tanto el apoyo como el control percibidos presentan correlaciones positivas muy significativas entre ambos padres: apoyo del padre y apoyo de la madre ($r = .66$ y $P<0.001$); y control del padre y control de la madre ($r = .73$ y $P<0.001$). Es decir, que cuanto mayor es el apoyo que el niño percibe por parte de uno de sus padres, también lo es por parte del otro, y viceversa. Ocurre lo mismo con el control percibido.

En cambio, el apoyo y el control correlacionan de manera inversa y significativa tanto respecto al mismo progenitor (control y apoyo de la madre $r = -.43$, control y apoyo del padre $r = -.39$, $P<0.001$) como en relación al otro progenitor (apoyo madre y control padre $r = -.41$ y apoyo padre y control madre $r = -.42$, $P<0.001$). Es decir, en todos los casos el apoyo y el control son percibidos por los niños como dimensiones antagónicas de las pautas de crianza parentales.

Conclusiones y discusión

Los resultados obtenidos parecerían indicar que el apoyo percibido de ambos padres se relaciona con niveles altos de autoconcepto global en los niños. Tal como se mencionó, otros estudios similares realizados en ámbitos hispanoamericanos muestran tendencias similares (Alonso García y Román Sánchez 2003, 2005; Musitu y García, 2004; Martínez, Musitu, García y Camino, 2003). Contrariamente, la percepción por parte de los niños de niveles altos de control parental se vincularía con un autoconcepto más bajo. Esto coincide también con lo hallado por Kernis, Brown y Brody (2000) con una muestra anglosajona, así como lo hallado por Alonso García y Román Sánchez (2003, 2005) en España.

Los niños del presente estudio tienden a percibir a sus padres como funcionando en el mismo sentido, o sea, percibiéndolos como coherentes entre sí en la crianza. Ocurre lo mismo con el control percibido. Y no sólo eso, sino que a su vez, las dimensiones de la crianza parental son percibidas de modo inversamente proporcional, es decir, los niños de la muestra sienten que a mayor apoyo hay menor control y a menor apoyo, mayor control, cuestión que abarca a ambos padres.

Finalmente, excede el ámbito de esta publicación analizar por qué el apoyo parental se relaciona más positivamente con niveles altos del autoconcepto infantil que el control parental. Sin embargo, puede hipotetizarse, tomando los aportes de la *teoría del apego*, particularmente el concepto de modelos operativos internos (Bowlby, 1969, 1973, 1980) donde características relevantes de la configuración subjetiva se desarrollan en función del registro de las experiencias vividas con los padres o figuras significativas.

A modo de cierre, y considerando que el presente estudio trabajó con una muestra de niños y niñas urbanos de clase media y media baja, ambos pertenecientes a la Ciudad Autónoma de Buenos Aires, y con vistas a la generalizabilidad de los hallazgos, sería conveniente para futuros estudios ampliar la investigación a otros medios urbanos, u otros niveles socioeconómicos, incluso a nuevas configuraciones familiares, tales como las familias ensambladas, uniparentales, homoparentales, etcétera (Roudinesco, 2004), algunas de las cuales se hallan sujetas actualmente a reflexiones y debates en diversos niveles. El objetivo de obtener resultados generalizables apunta a establecer cómo ayudar a los padres y cuidadores para reflexionar sobre sus prácticas de crianza, con vistas a promover un autoconcepto positivo en los niños y las niñas.

Bibliografía

ALONSO GARCÍA, J.; ROMÁN SÁNCHEZ, J. (2003). *Educación familiar y autoconcepto en niños pequeños*. Madrid: Editorial Pirámide.

ALONSO GARCÍA, J.; ROMÁN SÁNCHEZ, J. (2005). "Prácticas educativas familiares y autoestima". *Psicothema* 17 (1): 76-82.

AJILCHI, B.; REZAEI KARGARB, F.; KALANTAR GHOREISHI, M. (2013). "Relationship Between the Parenting Styles of Overstressed Mothers with their". Procedia - Social and Behavioral Sciences, 82: 496-501.

BANDURA, A. (1977). *Social learning theory*. Englewood Cliffs, NJ: Prentice Hall.

BAUMRIND, D. (1967). "Childcare Practices Anteceding Three Patterns of Preschool Behavior". Genetic Psychology Monographs, 75:43-88.

BAUMRIND, D. (1971). "Current Patterns of Parental Authority". Developmental Psychology Monographs, 4 (1): 2.
BEAN, R. A.; BUSH, K. R.; MCKENRY, P. C.; WILSON, S. M. (2003). "The impact of parental support, behavioral control, and psychological control on the academic achievement and self-esteem of African-American and European-American adolescents". Journal of Adolescent Research 18 (5): 523-541.
BOWLBY, J. (1969). *Attachment and Loss, Vol. 1. Attachment.* New York: Basic Books.
BOWLBY, J. (1973). *Attachment and Loss, Vol. 2. Separation: Anxiety and anger.* New York: Basic Books.
BOWLBY, J. (1980). *Attachment and Loss, Vol. 3. Loss: Sadness and depression.* New York: Basic Books.
CIA, F.; BARHAM, E. J. (2005). "A relação entre o turno de trabalho do pai e o autoconceito do filho". Rev. Psico 36 (1): 29-35.
CICCHETTI, D. (1991). "Fractures in the crystal: Developmental psychopathology and the emergence of self". Developmental Review, 11: 271-287.
DESHPANDE, A.; CHHABRIYA, M. (2013). "Parenting Styles and its Effects on Adolescents' Self-Esteem". International Journal of Innovation Engineering and Technology (IJIET), 2 (4): 310-315.
DORNBUSCH, S.; RITTER, P.; LIEDERMAN, P.; ROBERTS, D.; FRALEIGH, M. (1987). "The relation of parenting style to adolescent school performance". Child Development, 58: 1244-1257.
FORTIN, A.; CYR, M.; CHENIER, N. (1997). Inventaire du Comportement Parental vu par l´enfant (trad. francesa de Hazzard, A., Christensen, A. y Margolin,

G., Parental Perception Inventory) Université de Montréal.

GONZÁLEZ, A. R.; HOLBEIN, M. F. D.; QUILTER, S. (2002). "High school student's goal orientations and their relationship to perceived parenting styles". Contemporary Educational Psychology, 27 (3): 450-470.

HARTER, S. (1985). *Manual for the Self-Perception Profile for Children. (Revision of the Perceived Competence Scale for Children).* Denver, CO. University of Denver.

HAZZARD, A.; CHRISTENSEN, A.; MARGOLIN, G. (1983). "Children´s perceptions of Parental Behaviors". Journal of Abnormal Child Psychology, 11: 49-60.

JAMES, W. (1890). *Principles of Psychology.* Chicago: Encyclopedia Britannica.

KERNIS, M. H.; BROWN, A. C.; BRODY, G. H. (2001). "Fragile self-esteem in children and its associations with perceived patterns of parent-child communication". Journal of Personality, 68 (2): 225-252.

LEARY, M. R.; DOWNS, D. L. (1995). "Interpersonal functions of the self-esteem motive: The self-esteem system as a socio-meter". En M. H. Kernis (ed.). *Efficacy, agency, and self-esteem.* New York: Plenum Press.

L'ÉCUYER, R. (1985). *El concepto de sí mismo.* Barcelona: Oikos-Tau.

LEWIS, M.; BROOKS-GUNN, J. (1979). *Social cognition and acquisition of self.* Nueva York: Plenum Press.

MACCOBY, E. E.; MARTIN, J. A. (1983). "Socialization in the context of the family: Parent-child interaction". En P. H. Mussen (Series ed.). *Handbook of Child Psychology*, 4. Nueva York: J. Wiley.

MAHLER, M.; PINE, F.; BERGMAN, A. (1975). *The psychological birth of the human infant*. Nueva York: Basic Books. [Cast.: *El nacimiento psicológico del infante humano*. (Eduardo Prieto, trad.). Buenos Aires: Marymar, 1977].

MARSH, H. W. (1986). "Global self-esteem: Its relation to specific facets of self-concept and their importance". Journal of Personality and Social Psychology, 51: 1224-1236.

MARSH, H. W.; HATTIE, J. (1996). "Theoretical Perspectives on the Structure of Self-concept". En B. A. Bracken (ed.). *Handbook of self-concept*. New York. Wiley.

MARTÍNEZ, I.; MUSITU, G.; GARCÍA, J. F.; CAMINO, L. (2003). "Un análisis intercultural de los efectos de la socialización familiar en el autoconcepto: España y Brasil". Psicología Educação e Cultura, VII (2): 239-259.

MUSITU, G.; GARCÍA, F. (2004). "Consecuencias de la socialización familiar en la cultura española". Psicothema, 16 (2): 288-293.

MEAD, G. H. (1934). *Mind, Self, and Society from the standpoint of a social behaviorist*. Chicago: Chicago University Press. [Cast.: *Espíritu, persona y sociedad desde el punto de vista del conductismo social*. (F. Mazia, trad.). Bs. As.: Paidós, 1963].

MAZITI, E. (2014). "The Relationship between Parenting Styles and Self-esteem among Adolescents: A Case of Zimunya High School (Manicaland)". Asian Journal of Research in Social Sciences and Humanities, 4 (2): 27-41.

PIERS, E. V.; HERZBERG, D. S. (2002). *Piers-Harris Children's Self Concept Scale, Second Edition*. Los Ángeles, CA: W. P. S.

RICHAUD DE MINZI, M. C. (2005). "Estrategias parentales y estilo de afrontamiento en niños". Revista Latinoamericana de Psicología, 37 (1): 47-58.

RICHAUD DE MINZI, M. C. (2007). "La percepción de estilos de relación con su padre y madre en niños y niñas de 8 a 12 años". RIDEP, 23 (1): 63-81.

ROUDINESCO, E. (2004). *La familia en desorden*. Buenos Aires: Fondo de Cultura Económica.

SHAVENLSON, R. J.; MARSH, H. W. (1986). "On the structure of self-concept". En R. Schwarzen (ed.), *Anxiety and Cognition*. Hillsdale, NJ: Erlbaum.

STERN, D. (1991). *El mundo interpersonal del infante. Una perspectiva desde el psicoanálisis y la psicología evolutiva*. Buenos Aires: Paidós.

THOMPSON, R. A. (1998). Early Sociopersonality Development. En William Damon (Ed. in Chief) (1998): *Handbook of Child Psychology*, 3. New York, John Wiley & Sons.

TREVARTHEN, C. (1979). "Communication and cooperation in early infancy: A description of primary intersubjectivity". En M. M. Bullowa (comp.). *Before speech: The beginning of interpersonal communication*. New York: Cambridge University Press.

VIGANÓ ZANOTI-JERONYMO, D.; PIMENTA CARVALHO, A. M. (2005). "Autoconceito, desempenho escolar e avaliação comportamental de crianças filhas do alcoolistas". Revista Brasileira de Psiquiatria, 27 (3).

WEBER, L. N. D.; BRANDENBURG, O. J. y VIEZZER, A. P. (2003). "A relação entre estilo parental e o otimismo da criança". PSICO-USF, 8 (1): 71-79.

WEBER, L. N. D.; STASIACK, G. R.; BRANDERBURG, O. J. (2003). "Percepção da interação familiar e auto-estima de adolescentes". Aletheia, 17/18: 95-105.
ZABIHI HESARI, N. K.; HEJAZI, E. (2011). "The Mediating role of self esteem in the relationship between the authoritative parenting style and aggression". Procedia - Social and Behavioral Sciences, 30: 1724-1730.
ZAKERIA, H.; KARIMPOUR, M. (2011). "Parenting Styles and Self-esteem". Procedia - Social and Behavioral Sciences, 29: 758-761.

CAPÍTULO 9
LA RELACIÓN ADULTO-NIÑO COMO DIMENSIÓN DE LAS REPRESENTACIONES DE LA INFANCIA

Pizzo, María Elisa[1]
2012

Se presenta en este capítulo la investigación "Representación Infancia y Producción de Subjetividades en la Niñez: Estudio Descriptivo Interpretativo de la Gramática de las Relaciones Adulto-Niño",[2] la cual posee un doble propósito. Por un lado, se busca mostrar el problema, las preguntas centrales y la metodología de un proyecto de investigación en curso. Por el otro, se intenta transmitir la continuidad en el trabajo de análisis de las categorías entre distintos proyectos de investigación.

El presente trabajo[3] se origina y reconoce como antecedente a un Programa de Investigación desarrollado por más de dos décadas en el marco la cátedra[4] en la que trabajamos. Esta línea de indagación ha estudiado las posibles variaciones de la Subjetividad Infancia, que

---

[1] Universidad de Buenos Aires. Facultad Psicología.
[2] Este proyecto reconoce como antecedente una línea de investigaciones (UBACYT. AP28, AP46, P026 y F816) acerca de la representación infancia que circula en nuestro espacio socio-simbólico.
[3] Proyecto realizado en el marco de la Programación Científica UBACyT 2011-2014, de la Secretaría de Ciencia y Técnica de la Universidad de Buenos Aires. Dirigido por la Dra. María Elisa Pizzo y co-dirigido por la Dra. Cristina Chardon. Integran el equipo las docentes-licenciadas Karina Krauth, Leticia Grippo, Mabel Cattaneo, Cecilia Kalejman, Lucía Gómez, Florencia Biotti., Carolina Loiza y las ayudantes-alumnas Yael Carbonetti y Constanza Mutis Traub.
[4] Cátedra Psicología Evolutiva: Niñez (1º cat.) Carrera de Psicología.

se expresan en las diversas narrativas *sobre* y *para* la niñez que circulan en nuestro medio. En el marco de estas indagaciones, la noción *Subjetividad Infancia* designa "...una representación, construida imaginariamente a modo de narrativa sobre la niñez, atravesada por un sistema social de múltiples referencias significativas" (Santos, Fornari, Saragossi, Pizzo, Clerici, Krauth, 2007: 45). En el mencionado programa, la representación infancia (Fornari, 2003) es concebida como vehículo de significaciones socialmente compartidas que, en tanto tales, intervienen en los procesos de identificación y atraviesan la singularidad del sujeto infantil durante el proceso de subjetivación.

 Se plantea en primer término la estrecha vinculación entre las representaciones acerca de la infancia de cada época y cultura, y los modos que adoptan las relaciones entre adultos y niños/as. A continuación, se presentan los objetivos de la investigación en curso, los ejes del contexto conceptual y la noción de "gramática de la relación adulto-niño", como categoría operacional. Finalmente, se caracteriza el diseño del proyecto y se reseñan los aspectos centrales de la investigación.

Representaciones acerca de la Infancia y relaciones intergeneracionales: problema de investigación

 En la ejecución del proyecto que sirve como antecedente inmediato se indagaron, a nivel exploratorio, las características del proceso de recepción y apropiación, por parte de los niño/as, de algunos contenidos sobre la infancia que circulan en el espacio socio-simbólico. Esa investigación se centró en dos variables, seleccionadas entre las trabajadas en investigaciones ya realizadas en el marco del programa: las representaciones que tienen los niños del vínculo con los adultos y el tratamiento de las situaciones que caracterizan como conflictivas. La exploración de dichas variables en el proyecto antecedente nos llevó a formular hipótesis con mayor precisión para orientar el estudio en curso y proponer la investigación de las características de la relación adulto-niño en un nivel descriptivo.

En cada tiempo y cultura, las concepciones arquetípicas acerca de qué es ser niño/a plantean complementariamente qué es lo que se espera de la generación adulta. En la Modernidad, la fragilidad e indefensión, características de las representaciones de la infancia, requerían complementarse con el carácter protector de las figuras adultas. Estos rasgos modelaban las relaciones entre los adultos y las nuevas generaciones y su dinámica al interior de las dos instituciones de la Modernidad: la *familia* y la *escuela*. El adulto aparecía así como garantía del bienestar infantil y las relaciones entre generaciones eran esencialmente asimétricas.

En las distintas sociedades y momentos históricos existieron prescripciones y prohibiciones reguladoras de las relaciones entre generaciones, formuladas en parte explícitamente pero mayoritariamente operando a través de conductas habituales significantes, aún sin la intención de serlo (Bourdieu, 2003). En cada contexto social, los niños adquieren en la práctica un conocimiento de la dinámica de las relaciones interpersonales con adultos y con otros niños, mucho mayor del que son capaces de enunciar explícitamente.

La investigadora Helen Haste (1990) ha acuñado la expresión *gramática de las relaciones sociales* para nombrar al conjunto de las reglas que muestran y prescriben las explicaciones del mundo social. Desde su perspectiva, que incluye nociones de la Psicología del Desarrollo y de la Psicología Social, estas reglas constituyen un modelo para organizar la experiencia y brindan al niño "un marco de referencia cultural compartido para darle sentido al mundo" (Haste, 1990: 155). Inspirados en estas formulaciones, adoptamos el término *gramática* como categoría operacional (Souza Minayo, 2009). Es decir, que en este proyecto se lo emplea como recurso para describir las dimensiones del objeto de estudio.

Específicamente, la investigación se propone identificar regularidades y aspectos diferenciales de la gramática de las relaciones adulto-niño, según género, edad y sector socio-económico cultural. Desde este enfoque, la designación "gramática de la relación adulto-niño" nombra al conjunto de prácticas entre niños/as y adultos, así como de aquellos principios implícitos o explícitos para describir, organizar y regular la "relación adulto-niño" en su contexto sociocultural y, fundamentalmente, destaca el papel de constructores activos de las niñas y los niños.

La presente indagación parte de postular que las representaciones acerca de la infancia en cada sociedad y momento histórico-cultural producen efectos subjetivizantes en los sujetos infantiles. A la vez, sostenemos que niños y niñas son intérpretes activos de distintos contenidos, valores y prácticas sobre la infancia que circulan en el espacio socio-simbólico. Es decir, ellos se apropian de contenidos, valores y prácticas acerca de la infancia y, simultáneamente, producen su propia subjetividad.

Objetivos específicos del proyecto de investigación

I. Identificar y describir características centrales de las relaciones entre las figuras adultas y los niños en producciones simbólicas de nuestra cultura actual dirigidas a los niños.
II. Identificar y describir principios que organizan y regulan las relaciones adulto-niño en expresiones de niños en nuestro contexto cultural actual.
III. Caracterizar la "gramática" de las relaciones adulto-niño expresada en producciones de niños en nuestro contexto cultural actual e interpretarla a la luz de los aportes conceptuales de la Psicología del desarrollo, el Psicoanálisis, la Teoría Social y la Semiótica.

Marco teórico

En este apartado mencionaremos los ejes centrales para la construcción del contexto conceptual (Mendizábal, 2006). Los historiadores de la infancia nos enseñan que las representaciones acerca de la niñez no son inmutables; los notables cambios sufridos por estas representaciones a través del tiempo han llevado a plantear la cuestión en términos de la "desaparición" o "el fin" de la infancia, tal como se la concebía en la Modernidad (Postman, 1994; Corea, Lewkowicz, 1999). También se ha planteado a la infancia ya no como una etapa de la vida, sino como una disposición subjetiva (Corea, Lewkowicz, 2004). Por otra parte, fenómenos de época como la expansión de los medios de comunicación social y la creciente presencia de tecnologías en la vida cotidiana, se plasman en las designaciones de estos nuevos modos de ser niño: el "video-niño" (Sartori, 1998), el "niño-consumidor", "el niño-usuario" (Corea, Lewkowicz, 2004; Bustelo, 2009).

En el marco de esta indagación, sostenemos que estas representaciones de la infancia delimitan la posición de cada generación y configuran las prácticas entre adultos y niños, es decir, tienen efectos performativos. Específicamente respecto a este punto, Ferrán Casas (2006) se refiere a las representaciones sociales sobre la infancia, como un aporte para comprender las relaciones e interacciones sociales que en cada sociedad se establecen con el subconjunto de población que denominamos *infancia*.

Por último, como modo de resaltar la interdependencia entre las representaciones de infancia y los procesos sociales, planteamos que la perspectiva de la ciudadanía sustentada por la Convención de los Derechos del Niño (CDN) contribuye a visibilizar nuevas dimensiones en el estudio de las relaciones entre adultos y niños/as. Considerar a niñas y niños como sujetos activos de derechos, ciudadanos capaces de expresar sus opiniones y tomar decisiones sobre las cuestiones que los afectan, permite suponer nuevas configuraciones en los intercambios entre generaciones y en los distintos ámbitos donde se producen.

La CDN pone en cuestión la visión de la infancia sólo como período preparatorio para el futuro y, por ende, la naturaleza de sus intercambios con los adultos. Esta perspectiva requiere entonces revisar el fundamento de la asimetría en las relaciones adultos-niñas/os ya que se deja atrás la idea de la niñez como una etapa en la que se carece de las capacidades para discernir. Interesa particularmente conocer la perspectiva infantil sobre el reconocimiento y ejercicio de sus derechos, en sus relaciones con los adultos.

Por otra parte, a partir de una revisión de publicaciones argentinas y extranjeras de los últimos diez años (Pizzo, Chardon, Krauth, Grippo, Biotti, Kalejman, Gómez, 2012), distinguimos tres posibles enfoques en el estudio de la relación adulto-niño: 1. Aquellos focalizados en las relaciones entre padres e hijos, abordadas desde el estudio de las relaciones paterno-filiales en los sujetos adultos. 2. Otro camino consiste en solicitar a sujetos jóvenes una reconstrucción de sus relaciones con los adultos durante su niñez. 3. La tercera modalidad se centra en la exploración de las relaciones entre niños y niñas con los adultos, pero desde la perspectiva infantil. En este último enfoque se encuadra nuestro modo de acercamiento, es decir, niños y niñas son los sujetos de investigación; los entrevistamos y recuperamos sus voces para caracterizar la relación entre adultos-niños/as.

Aspectos metodológicos

Este proyecto se inscribe en la tradición de la investigación cualitativa, con un diseño de tipo descriptivo-interpretativo (Ynoub, 2007), de muestra pequeña, transversal.

Los instrumentos de producción de datos son la entrevista semidirigida y la observación de episodios grupales de discusión. Se trabaja con dos dispositivos de indagación:

a) Análisis, proyección e interpretación de series televisivas: se trata de un dispositivo diseñado, puesto a prueba y empleado en investigaciones anteriores (Santos,

Saragossi, 2004; Santos, Pizzo, 2005). La selección de dos series televisivas destinadas a niños se hizo con el fin de ofrecer alternativas de modelos de relación "adulto-niño" diversos, como forma de propiciar el trabajo en ese eje. Luego se realiza una entrevista semidirigida individual a cada niño, destinada a indagar la interpretación que los sujetos elaboran de la relación adulto-niño en la trama de las series proyectadas. Finalizada la administración de entrevistas individuales, en cada grupo de cuatro niños se promueve la discusión sobre la serie proyectada, centrada en rasgos de la relación adulto-niño, posiciones según el género de los personajes, propuesta de soluciones alternativas al conflicto planteado en la serie.

b) Análisis, lectura e interpretación del relato oral de un cuento: se selecciona, analiza y se realiza la adaptación de un cuento destinado a niños. En la escuela, se relata el cuento a los grupos compuestos por niños y niñas. Se trabaja luego con la misma secuencia del procedimiento propuesto para las series televisivas.

En la tarea de campo nos proponemos entrevistar un grupo de 32 niños y niñas de 8 a 12 años de edad, con capacidad narrativa, escolarizados, de dos sectores socio-económico-culturales diferentes: 16 niños/as de escuela privada y 16 niños/as de escuela pública, repartidos equitativamente por edad y género. Las fuentes primarias de obtención de datos serán los niños entrevistados y las fuentes secundarias, los capítulos de las series televisivas y el cuento. Para el análisis de los textos surgidos de la desgrabación de las entrevistas individuales y de las sesiones de discusión grupal proponemos identificar categorías emergentes mediante procedimientos inspirados en la teoría fundamentada en los datos (Glaser, Strauss, 1967; Strauss, Corbin, 1990; Maxwell, 1996; Vasilachi).

Los resultados: proceso de construcción de la categoría relación adulto-niño

La presentación de resultados no responde al formato tradicional de exposición de datos surgidos de la aplicación de instrumentos en la tarea de campo. Como uno de nuestros propósitos es transmitir aspectos de la continuidad del trabajo con categorías e instrumentos de producción de datos en sucesivos proyectos de investigación, presentamos aspectos centrales de este proceso. Por lo expuesto, enunciaremos tres momentos claves que pueden ayudar a comprender el proceso de construcción de la categoría *relación adulto-niño*, surgida en el marco de un programa de investigación.[5] En este trabajo sólo se trata de subrayar algunos puntos de las sucesivas formulaciones de los proyectos para mostrar distintos momentos en un proceso de investigación. Resulta necesario señalar que estas menciones son insuficientes para dar cuenta del intenso y laborioso trabajo de discusión de los equipos de investigación y del valor formativo del trabajo conjunto entre distintas generaciones de investigadores.

A. En el marco del proyecto Subjetividad infancia y práctica social (Fornari, 2000)

En la indagación de la *representación infancia* se aplicó una metodología proveniente del Modelo de Análisis Tripartito de la Hermenéutica Profunda (Thompson, 1998). El análisis tripartito supone tres campos objeto de análisis:

---

[5] Programa iniciado por las licenciadas Nora Fornari y Griselda Santos con la dirección de los primeros proyectos en el año 1998, en el marco de la cátedra Psicología Evolutiva: Niñez, de la entonces carrera de Psicología de la UBA.

1. Análisis socio-histórico: analiza las condiciones y contextos históricos y sociales en los que surgen determinados materiales que trasmiten las formas simbólicas.

2. Análisis formal-discursivo: analiza los rasgos internos de los mensajes y las operaciones de transformación con una metodología proveniente de la lingüística del discurso.

3. Análisis de la recepción-apropiación: por parte de los niños, de las formas simbólicas dedicadas a ellos.

En este proyecto, el trabajo se centró en los dos primeros campos propuestos por el Modelo de Análisis Tripartito de la Hermenéutica Profunda. Se indagaron dimensiones de la representación infancia plasmadas en algunos productos de nuestro corpus (revistas y objetos/ juguetes de Barbies, Chicas Superpoderosas y Pokemon). El análisis discursivo posibilitó seleccionar una serie de variables como forma de penetrar en la representación que sobre la infancia circula en ese momento en nuestra sociedad. Las variables desagregadas fueron: enunciados verbales, actos de habla, temas y motivos, contexto e imagen. De este proyecto se seleccionaron dimensiones de la variable contexto (características de los contextos situacionales) y dos de las dimensiones de la variable motivos y temas (la relación adulto-niño y el tratamiento o modos de resolución de los conflictos) para ser trabajados en profundidad en el proyecto siguiente (Santos, Fornari, Saragossi, Pizzo, Clerici, Krauth, 2007).

B. En un segundo momento del proceso considerado aquí, en dos sucesivos proyectos de investigación (Santos, Saragossi, 2004; Santos, Pizzo; 2005) se indagaron los procesos de recepción y apropiación, por parte de los niños, de características de la representación infancia que circula en el espacio sociocultural.

En este segundo momento, se estudió el proceso de recepción y apropiación de las formas simbólicas desde el mismo modelo pero el trabajo investigativo se focalizó en el tercer campo de análisis propuesto por Thompson (1993): el análisis de la recepción-apropiación por parte de los niños, de las formas simbólicas dedicadas a ellos. En la investigación antecedente, se analizaron los campos anteriores: 1. socio-histórico; 2. formal-discursivo.

El trabajo se centró entonces en las construcciones realizadas por niños y niñas durante los procesos de recepción y apropiación de la representación infancia, pero enfocados particularmente en: las características de los *contextos de recepción* de los mensajes, *la caracterización de la relación adulto- niño* y *el tratamiento de los conflictos* en el marco de dicha relación. Como se señaló, se trata de variables identificadas en análisis efectuados en el proyecto que sirve de antecedente. La investigación partió de la pregunta: ¿qué construcciones realiza el niño a partir de las propuestas de productos televisados y de su propia experiencia en sus contextos?

La producción de datos se hizo mediante diversos instrumentos (Santos, Pizzo, Saragossi, Clerici, Krauth, 2009).

1. Encuesta a padres: se administró a padres de alumnos de 3º a 7º grado. Se obtuvo información acerca de las características generales de la recepción de los mensajes massmediados, videojuegos, juegos y lecturas.

2. Entrevista con niños: semidirigida y administrada individualmente. Se indagaron tanto las circunstancias de recepción de los mensajes como su contenido e interpretación. Se exploraron las condiciones específicas en que los niños/as reciben los mensajes, en qué contexto leen, miran TV y/o juegan.

3. Proyección de episodios de serie televisiva: durante la cual se observaron las características de recepción en un contexto de recepción primaria.

4. Producción de narraciones: en entrevistas individuales semidirigidas se solicitó el relato oral de los episodios proyectados. Posteriormente, en entrevistas con grupos de cuatro niños y niñas se generó discusión sobre el contenido de las historias proyectadas, especialmente dirigida a indagar características de la relación adulto-niño; conflictos y las modalidades de resolución de estos.

C. La formulación del proyecto *Representación infancia y producción de subjetividades en la niñez: estudio descriptivo interpretativo de la gramática de las relaciones adulto-niño* constituye el tercer jalón del proceso de construcción de nuestra categoría. Por un lado, se apoya en conceptualizaciones, hallazgos y categorías emergentes del análisis de materiales en los proyectos precedentes. Pero a la vez, integra nuevas perspectivas conceptuales y redimensiona la categoría *relación adulto-niño*.

Desde el punto de vista conceptual, parte de aportes de la perspectiva de la teoría de las representaciones sociales para comprender las relaciones e interacciones sociales entre adultos y niños (Ferrán Casas, 2006). A la vez, integra la perspectiva de la ciudadanía sustentada por la Convención de los Derechos del Niño (CDN) como modo de comprender las representaciones de infancia de época, perspectiva nodal para analizar la regulación de las relaciones intergeneracionales.

Desde el punto de vista de la metodología, nos apoyamos en la tarea de exploratoria de la investigación precedente, para formular un diseño descriptivo-interpretativo. En cuanto a los instrumentos empleados, como ya se expuso, se empleó parte del dispositivo diseñado en el proyecto anterior: la proyección de episodios de series televisivas destinadas al público infantil y la producción de narraciones en entrevistas individuales y grupales. A estas proyecciones se agregó la producción de narraciones referidas a la lectura de la adaptación de un cuento, especialmente realizada en el marco del trabajo de este equipo. Cabe destacar que no sólo se trata del tipo de instrumento a emplear, sino de la particular perspectiva teórica desde la que se los emplea, diferencia que se refleja en los ejes de indagación que cada integrante asume en las entrevistas, por ejemplo, y en la lectura e interpretación de las narrativas de niños y niñas entrevistados/as.

Conclusiones

El trabajo parte de considerar la especificidad de las representaciones acerca de la infancia en tanto representaciones producidas y trasmitidas en la vida social. A la vez la infancia, en tanto fenómeno, varía en el tiempo según la interpretación que de él se ha dado a lo largo de la historia. Estas representaciones acerca de la infancia remiten a un conjunto de valores, prácticas e ideas que delimita la posición de cada generación y moldea los intercambios entre ambas.

En la actualidad, nuevas modalidades de relación entre adultos-niños/as constituyen un hecho de observación que cuestiona nuestra mirada sobre fenómenos naturalizados. Para nosotros, investigadores/as, también las representaciones de infancia de nuestro tiempo configuran zonas de visibilidad e invisibilidad en la formulación de los problemas y el diseño de estrategias para abordarlos (Casas, 2002, 2005).

Estos cambios en las representaciones de infancia y en la producción de subjetividades infantiles nos conducen a plantear la pregunta orientadora de esta investigación: ¿qué principios, explícitos e implícitos, construyen los niños para describir, organizar y regular sus relaciones con los adultos?

La formulación del proyecto retoma interrogantes y emplea categorías elaboradas en las investigaciones que les sirven de antecedente y también portan marcas de la historia de trabajo de los diferentes equipos.

En la construcción del contexto conceptual cabe destacar que nuestro proyecto focaliza su indagación en el campo de la intersubjetividad, ya que justamente nos proponemos aportar a la caracterización de la "gramática de las relaciones" (Haste, 1990) entre adultos y niños/as. En esta línea, nos planteamos interrogantes formulados en términos del reconocimiento y ejercicio de los derechos.

La relación entre representaciones de la infancia y producción de subjetividades infantiles abre un campo de problemas que requiere la producción de datos empíricos en contextos locales. Indagar los principios construidos por los niños para organizar la dinámica de su relación con los adultos puede aportar conocimientos para optimizar estrategias de intervención dirigidas a la niñez en nuestro contexto cultural actual.

Bibliografía

BOURDIEU, P. (2003). "Espacio social y espacio simbólico. Introducción a una lectura japonesa de La Distinción". En Bourdieu, P. *Capital cultural, escuela y espacio social*. Buenos Aires: Siglo XXI.

BUSTELO, E. (2009). *El recreo de la Infancia: Argumentos para otro comienzo.* Buenos Aires: Siglo XXI.
CASAS, F. (2006). "Infancia y representaciones sociales". Política y Sociedad 43 (1): 27-42.
CONVENCIÓN SOBRE LOS DERECHOS DEL NIÑO. Adoptada por la Asamblea General de las Naciones Unidas en su resolución 44/25, 20 de noviembre de 1989. Ratificada por la República Argentina en 1990 por la Ley 23849. Disponible en: http://www2.ohchr.org/spanish/law/crc.htm
COREA, C.; LEWKOWICZ, I. (1999). ¿Se acabó la Infancia? Ensayo sobre la destitución de la niñez. Buenos Aires: Lumen Humanitas.
COREA, C.; LEWKOWICZ, I. (2004). *Pedagogía del aburrido. Escuelas destituidas, familias perplejas.* Buenos Aires: Paidós Educador.
FORNARI, N. (2003). "El imaginario poder de la infancia y el debilitamiento de la función paterna. Una producción de hoy: Las chicas superpoderosas". En *Memorias de las X Jornadas de Investigación en Psicología.* Buenos Aires, Facultad de Psicología, UBA.
GLASER, B.; STRAUSS, A. (1967). *The Discovery of Grounded Theory.* Nueva York: Aldine publishing Company.
HASTE, H. (1990). "La adquisición de reglas". En Bruner, J. y Haste, H. (comp.). *La elaboración del sentido. La construcción del mundo por el niño.* Barcelona: Paidós.
MAXWELL, J. (1996). "A model of qualitative research design". En Maxwell, J. *Qualitative research design. An interactive approach.* London: Sage.

MENDIZÁBAL, N. (2006). "Los componentes del diseño flexible en la investigación cualitativa". En Vasilachis de Gialdino, I. (coord.). *Estrategias de investigación cualitativa*. Barcelona: Gedisa.

PIZZO, M. E.; CHARDON, C.; KRAUTH, K.; GRIPPO, L.; BIOTTI, F.; KALEJMAN, C.; GÓMEZ, C. (2012). "Infancia y producción de subjetividades en la niñez: el estudio de la 'relación adulto-niño' como dimensión de las representaciones de la Infancia". Anuario de Investigaciones de la Facultad de Psicología, UBA.

POSTMAN, N. (1994). *The Disappearance of Childhood*. Nueva York: Vintage Books.

SANTOS, G.; PIZZO, M. (2005). "Práctica social y construcción de la subjetividad en la Infancia". Proyecto UBACyT F816. Programación Científica 2006-2009.

SANTOS, G.; FORNARI, N.; SARAGOSSI, C.; PIZZO, M.; CLERICI, G.; KRAUTH, K. (2007). "Representaciones de la Infancia y estructuración subjetiva: análisis de productos dirigidos a los niños y caracterización del proceso de apropiación de productos massmediados. Perspectivas en Psicología". Revista de Psicología y Ciencias afines, 4: 44-50.

SARTORI, G. (1998). *Homo videns. La sociedad teledirigida*. Madrid: Taurus.

SONEIRA, A. (2006). "La teoría fundamentada en los datos (Grounded Theory) de Glaser y Strauss". En Vasilachis de Gialdino, I. (coord.). *Estrategias de investigación cualitativa*. Barcelona: Gedisa.

SOUZA MINAYO, M. C. (2009). *La artesanía de la investigación cualitativa*. Buenos Aires: Lugar.

STRAUSS, A. y CORBIN, J. (1990). *Basics of Qualitative Research. Grounded Theory Procedure and Techniques*. California: Sage.

VASILACHIS DE GIALDINO, I. (2006). "La investigación cualitativa". En Vasilachis de Gialdino, I. (coord.). *Estrategias de investigación cualitativa*. Barcelona: Gedisa.

YNOUB, R. (2007). *El proyecto y la metodología de la investigación*. Buenos Aires: Cengage Learning.

CAPÍTULO 10
HACER LUGAR AL NIÑO.
PRÁCTICAS SOCIOPSICOPEDAGÓGICAS E INFANCIA EN CONTEXTOS DE VULNERABILIDAD Y DESVALIMIENTO SOCIAL

Lovazzano, Martha[1];
Santamaría, Stella[2]
2007

Este trabajo[3] se enmarca en el paradigma de la investigación-acción, investigación que se propone mostrar la incidencia de las prácticas sociopsicopedagógicas en la configuración subjetiva de los niños de contextos socialmente vulnerables. Al mismo tiempo, el análisis de la acción y la reflexión sobre ella constituyen siempre un proceso cuya finalidad es mejorar y transformar la práctica docente.

Antecedentes y origen del trabajo

Nuestra trayectoria y recorrido de trabajo en hospitales públicos, centros de salud mental y escuelas públicas y privadas, nos conectaba de alguna manera con el deseo de generar para los niños de contextos socialmente

---

[1] Universidad Abierta Interamericana. Facultad de Desarrollo e Investigación Educativos.
[2] Universidad Abierta Interamericana. Facultad de Desarrollo e Investigación Educativos.
[3] Investigación de la Cátedra de Residencia Clínica. Equipo de la Investigación: Martha Lovazzano, Stella Santamaría, Karina Taranowski, Florencia Liparelli, Gisella Santoiani.

desfavorecidos un dispositivo de atención para las problemáticas escolares y familiares que demandaren.

Este proyecto surge a partir de la actividad sociopsicopedagógica que como cátedra de Residencia Clínica lleváramos a cabo en la comunidad del barrio de Villa Soldati, Comedor Los Piletones, durante los años 2003 y 2005.

En los inicios nos preguntábamos:

*Dadas las características del contexto considerado vulnerable:[4] ¿resultaría factible generar posibilidades de salud y aprendizaje en los niños?

*¿Qué prácticas psicopedagógicas y qué dispositivos facilitarían el despliegue de factores de protección y autonomía frente a la adversidad social y afectiva?

En aquel momento y desde el enfoque de la Resiliencia[5] priorizamos cuatro factores de protección y autonomía en la promoción de procesos resilientes que se constituyeron como dimensiones de análisis e intervención en dicha comunidad:

---

[4] Giberti (2006). La vulnerabilidad se expresa por la imposibilidad de defensa frente a los hechos traumatizantes o dañinos, debido a la insuficiencia de recursos psicológicos, defensivos personales y merced a la ausencia de apoyo externo, además de la incapacidad para adaptarse al nuevo escenario generado por la situación de riesgo, vulnerabilidad, desvalimiento y maltrato infantil en las organizaciones familiares.

[5] Cirulnyk considera que la Resiliencia es un término tomado de la Física que designa la resistencia al choque o a la presión de un material, y aplicado a las personas señala la capacidad para afrontar la adversidad, sobreponerse y salir transformado. Es decir, pensar en la Resiliencia implica pensar en la capacidad para "elaborar un proyecto para alejar el propio pasado, metamorfosear el dolor del momento para hacer de él un recuerdo glorioso o divertido". Esta capacidad no es innata, no viene dada, sino que se construye desde las primeras relaciones. Los Patitos Feos, Gedisa.

1. Autoestima.
2. Vínculos afectivos con personas significativas.
3. Creatividad y humor.
4. Red social.

La experiencia del 2003 a 2005 tuvo en cuanto al interés y demanda de la comunidad tres momentos:
1. Ausencia de demanda o demanda por coerción.
2. Demanda en transformación.
3. Demanda formada e instituida.

Demanda por coerción

Para conocer las características de la comunidad e integrarnos, nuestra propuesta inicial en el barrio Los Piletones consistió en un Taller de Cuenta Cuentos para padres y niños. La mayoría de las madres concurrieron con sus hijos y participaron durante un tiempo asegurándose, como intercambio, el plato de comida en el comedor. Según el registro de los auxiliares del comedor asistieron alrededor de 40 madres.

Demanda en transformación

Se formaron, en la biblioteca del barrio Los Piletones, dos grupos con los niños. Un grupo de aprendizaje y juego con los padres y un grupo de reflexión, ambos funcionaban en simultáneo una vez por semana.

Muchas madres dejaban a sus hijos (algunos escolarizados, otros no) a partir de los 4 años esperando que jugáramos con ellos sin que ellas participaran de los grupos de reflexión, a pesar de nuestras explicitas y repetidas intenciones.

Las madres que sí participaban del grupo de reflexión se acercaban para preguntarnos o narrarnos problemáticas escolares o de conducta. A partir de ello, iniciamos los lazos con instituciones hospitalarias para derivar a los niños que así lo requerían, elaborando informes de diagnósticos situacionales. En las escuelas de los niños, se entrevistó a maestros y directivos para orientar y contribuir a la decisión de promociones o pasajes a escuelas de recuperación (demanda en transformación).

El grupo de padres estaba integrado por 5 madres y 1 padre (los fundadores). Junto a ellos concurrían, esporádicamente, 4 madres más, resultando finalmente alrededor de 10 padres.

A mediados del año 2005 (nuestro tercer año de trabajo) encontramos la biblioteca tras un muro de cemento. Nos habíamos quedado sin lugar para los niños y sus padres.

La fundadora del comedor nos anunció que la prioridad eran los arreglos y que nuestro trabajo había concluido hasta el próximo año.

A los meses un grupo de padres estables participó activamente para hacernos un lugar.[6]

Demanda formada e instituida

1. Sostener el espacio de conversación, de escucha y orientación a las problemáticas planteadas.

2. Sostener un lugar para que los niños continúen siendo asistidos.

El muro de cemento simbolizó para nosotros un quiebre, una ruptura a la continuidad del proceso, al saber, a la participación, pero al mismo tiempo resultó una oportunidad para construir un sitio en el que los

---

[6] Marc Augé (2000) al decir lugar, refiere lugar antropológico, es al mismo tiempo principio de sentido para aquellos que lo habitan y principio de inteligibilidad para aquel que lo observa.

niños de la comunidad y de otros lugares también desfavorecidos socialmente tuvieran un lugar estable donde ser asistidos en sus problemáticas escolares y familiares, de manera gratuita.

Durante un tiempo se trabajó en una casa con el grupo de padres, mientras los niños expulsados de muchos lugares jugaban en la plaza, con los residentes.

No sólo el *hacer un lugar* a los niños fue el motivo, sino la percepción de que si aceptábamos la casa de uno de las madres como sitio, nos hacíamos cómplices de la marginalidad, duplicando la exclusión.

Esto nos llevó a realizar las gestiones con las autoridades de nuestra Facultad y el director del Hospital UAI. Nos ofrecieron dos aulas y, desde ese momento, realizamos nuestras prácticas en el Hospital Universitario de la UAI.

De Los Piletones al Hospital UAI

La respuesta de los padres fue masiva. La salida de Los Piletones facilitó que las normas del encuadre también se institucionalizaran: cada niño debía ser acompañado de su madre o padre para poder participar del grupo.

El centro de orientación escolar del distrito XIX (CERI) comenzó a derivarnos dos niños de las escuelas pertenecientes.

Algunas madres difundieron la propuesta y trajeron a niños y madres vecinas. El grupo conformado en 2006 estaba integrado por 11 padres de familia y 15 niños.

El encuadre se institucionalizó y nadie faltaba a la cita.

La experiencia, según datos recabados de los padres a través de los encuentros y encuestas de opinión consolidó:

*Vínculos de confianza y apego hacia los coordinadores y las residentes,[7] considerándolos orientadores y referentes confiables de los niños.

*Vínculos de solidaridad, ayuda y cooperación mutua que permitió configurar una pequeña red social.

*Un espacio facilitador del pensamiento reflexivo con las madres a partir del cual pudieron tomar decisiones en relación a sus propios comportamientos y el de sus hijos.

Según datos recabados a través de dibujos y completamiento de frases, para los niños y las niñas la experiencia posibilitó *un espacio*:

*Facilitador de relaciones con otros niños de diferentes edades y lugares, de intercambio de historias individuales y familiares, de vivencias y experiencias.

*Posibilitador de distintas formas expresivas: relatos, narraciones, dibujos y juegos, a través de los cuales los niños lograban manifestar sus miedos, sus angustias y sus deseos.

*De comunicación de problemáticas en diferentes áreas que interferían en sus aprendizajes.

Hacer un lugar a los niños y a sus familias inmersas en contextos vulnerables y desvalidos socialmente resulta para nosotros una responsabilidad social y una oportunidad para el ejercicio de la participación como práctica social en la promoción de salud mental y por primera vez en las aulas del Hospital UAI.

---

[7] Gisella Santaoianni, Mariana Granes, Florencia Liparelli, Karina Taranoski, Ivette Shuberet.

Las familias nos consultan por los problemas de aprendizaje o conducta de sus hijos/as, detrás de los cuales se encuentran situaciones muy complejas: violencia, abandono, alcoholismo, muerte, adicción, depresión, indigencia, marginalidad y hacinamiento.

Estar frente a los niños resulta un estímulo para el pensamiento, la creatividad y sobre todo la emotividad, más aún si se trata de niños de contextos privados de las condiciones que para nosotros vinculan la niñez.

Ignacio Lewkowicz,[8] como otros pensadores, sostiene que la operación que separa la adultez de la niñez es el juego.

Nos propusimos entonces desde el año 2006 ofrecer en las aulas del Hospital UAI, una ludoteca como *sitio* de juego para estos niños y como un modo de intervenir en la infancia desde la práctica sociopsicopedagógica.

En otro espacio simultáneo, los padres participaron de un grupo de charla para hacer foco en la relación entre padres e hijos.

Los niños que participan de la experiencia se encuentran entre los 4 y 10 años de edad, y manifiestan dificultades para aprender y convivir en la escuela. En algunos de ellos, la inquietud y el movimiento constante les dificultan la atención y la concentración para las tareas. La impulsividad y la intolerancia ante los errores son rasgos que manifiestan en la escuela.

En algunos niños predomina la comunicación gestual, ya que permanecen callados, se muestran retraídos, vergonzosos y hasta desconfiados. Cuando hablan, manifiestan dificultades en la estructuración del lenguaje. Sus producciones escritas, verbales y sus juegos

---

[8] Lewkowicz, Corea (1999).

los muestran con un nivel de madurez por debajo de lo esperable para su edad. Se observa una gran dificultad para vincularse con sus pares, tendiendo a aislarse o a demandar la atención de las residentes.

Las familias de estos niños viven en la comunidad Los Piletones. Son, en su mayoría, extranjeros. Las dificultades para insertarse social y económicamente inciden en la insatisfacción de necesidades básicas. Las familias se conforman, en general, de madre e hijos, ya que los padres, en varios casos, los abandonaron, se encuentran presos o en recuperación por adicciones. En los relatos abundan escenas de maltrato, golpizas, abuso físico y sexual en su adolescencia.

Desde esta experiencia nos preguntamos, en primera instancia:

1. ¿Cuál es la incidencia de nuestras prácticas sociopsicopedagógicas en la configuración subjetiva de estos niños?

2. ¿Qué problemáticas prioritarias traen al grupo cuando lo inician y qué cambios positivos reconocen en sus comportamientos desde su inclusión en este?

3. A los fines de este trabajo, abordaremos el primer interrogante, dada su relevancia para pensar el impacto de las intervenciones psicopedagógicas en la subjetividad de niños de contextos vulnerables y la importancia de dicha práctica en el campo de la salud mental.

Objetivos de la investigación

* Identificar los cambios subjetivos que produjeron las prácticas sociopsicopedagógicas en dichos niños a través del juego.

* Indagar las problemáticas complejas que afectan a los niños que participan de la experiencia y que inciden en su configuración subjetiva.

Marco teórico

Salud

La participación de los niños y niñas junto a sus madres y padres constituye en el marco de esta investigación un hecho de *salud mental*[9] en el sentido que les permite salir de un imaginario y real sometimiento a una autoridad sentida arbitrariamente. Implica un proceso en el que como actores involucrados se reconozcan como sujetos sociales y responsables, es decir, constructores de su propia historia, atravesada por cuestiones materiales, representaciones sobre sí mismos, sobre los otros y sobre la realidad que los circunda. Sostenemos que la participación promueve lazos sociales y por lo tanto es promotora de salud mental, por ello, la concebimos como un proceso, el de lograr el máximo bienestar posible en cada momento histórico y circunstancia determinada, producto de la interacción permanente, de la transformación recíproca entre el sujeto, siempre social, y su realidad.[10] El bienestar

---

[9] La carta de Ottawa define a la promoción de la salud como el proceso de capacitación de la colectividad para actuar en la mejora de su calidad de vida y salud, incluyendo una mayor participación en el control de este proceso a la vez que postula como condiciones y recursos necesarios para la salud a la ausencia de conflictos, condiciones de habitabilidad, educación, alimentación, recursos sostenibles, justicia social y equidad.

[10] Enrique Pichon Riviére define la salud como la adaptación activa del sujeto con su medio y aprendizaje apropiación instrumental de la realidad, para transformarla, transformándose.

es una situación que cambia, se mueve y sobre todo es subjetiva. Preferimos pensar el concepto de salud en relación con la capacidad de administrar en forma autónoma el margen de riesgo, de tensión y malestar con el que se convive. Según nuestra modelización, la salud lleva implícita la idea de aprendizaje como proceso de búsqueda y adaptación activa a situaciones nuevas. Consideramos que el principal indicador de salud mental de una comunidad será su nivel de participación, al igual que las vías de organización y la aceptación de las diferencias.

La niñez y el juego

La niñez, al igual que la adolescencia y la adultez, no constituyen etapas naturales, son construcciones sociales e históricas. La infancia actual, a diferencia de la moderna, es una disposición subjetiva. El juego constituirá la operación habilitadora de la niñez, del cuidado, del amparo, empobrecido en este grupo de niños que deben responder a difíciles situaciones cotidianas que superan sus legítimas posibilidades.

El juego y la ludoteca constituyen entonces el escenario privilegiado para desarrollar la tarea y para que estos niños habiten la niñez cuidada y protegida.

Afirmamos que el juego es una de las maneras de participar en la cultura, es una actividad cultural típica, como lo será luego de adulto el trabajo.

En el juego existe una estricta subordinación a ciertas reglas que no son posibles en la vida real, de esta forma, el juego crea una zona de desarrollo próximo (ZDP) en el niño. No toda actividad lúdica genera ZDP, pero sí lo hace cuando esta supone la creación de una situación imaginaria circunscripta a determinadas reglas de conducta, encuadre de trabajo, horarios y frecuencia.

Como señala Vigotsky[11] el niño ensaya en los escenarios lúdicos, comportamientos y situaciones para los que no está preparado en la vida real, pero que poseen cierto carácter anticipatorio o preparatorio (seguramente elaborativo).

Resulta importante distinguir la idea de juego como una suerte de recurso psicopedagógico promovido en situaciones de interacción adulto-niño, como una actividad deliberada propuesta en un contexto de cambio y transformación. Asimismo, cabe recordar las características que el propio Vigotsky otorgaba al juego, siendo éste capaz de producir un desarrollo subjetivo, con aspectos similares a las situaciones de enseñanza y aprendizaje.

Toda escena lúdica se sostiene porque hay un *otro* que, aunque ausente, se presentifica en dicha escena. La capacidad creadora del juego le permitirá al niño elaborar una escena con elementos de su propia dramática (familiar, social y cultural). De esta manera, aquello traumático imposible de tramitar logra encontrar una vía de representación a partir de la creación lúdica. El juego habilita un espacio potencial,[12] dirá Winnicott, situado entre el individuo y su medio circundante que permitirá al sujeto no quedar capturado de su ensoñación o del trauma que ha padecido. Se trata de una zona potencial de desarrollo o tercera zona que está en la base de la capacidad para la creatividad.

El juego favorece el desarrollo de múltiples habilidades y funciones en el niño en el plano cognitivo, social, emocional y, también, motriz y lúdico. A través

---

[11] Vigotsky (2003). *La imaginación y el arte en la infancia*. Madrid: Aulamagna.
[12] Winnicott (1988). *Realidad y juego*. Barcelona: Gedisa.

del juego el niño combina elementos, explora su entorno y descubre nuevas posibilidades.[13]

En el juego se reflejan los modos de vincularse, los estilos de comunicación y los modos de enfrentar conflictos, que remiten a las modalidades en la vida real, por lo que el adulto puede luego reencontrarse con estos aspectos, reflexionando sobre los mismos, abriendo caminos para una mayor comprensión y posterior modificación en el caso de que sea necesario. Por un lado, permite el desarrollo de la inteligencia, no porque jugando uno se vuelva más inteligente, sino porque a través de la experimentación que favorece el juego (en cuanto a material, personajes, estrategias, combinaciones de lenguaje, etc.) el niño y el adulto pueden ampliar su campo de acción. A través del juego se logra el despliegue de mayor cantidad de recursos a los cuales podemos recurrir frente a las situaciones adversas y desconocidas, en el momento de resolver problemas. La forma lúdica es un modo de abrir ventanas, no a realidades inmediatas, sino lejanas, a las cuales jugando uno, en cierto modo, se traslada.

Teniendo en cuenta los párrafos anteriores, el juego ofrece un espacio ideal para la promoción de la salud. La implementación del juego, el mayor respeto por este y la conciencia de su importancia permitirán prevenir mayores riesgos y dificultades posteriores.

El juego es la vía de comunicación más directa con los niños. Si tenemos en cuenta la dificultad que pueden tener los niños para expresar sus conflictos (aunque no sea exclusivo de los niños), comenzar a trabajar desde la palabra será un camino mucho más lento y penoso, y en algunos casos hasta imposible.

---

[13] Bruner (1988). *Juego, pensamiento y lenguaje*. Madrid: Alianza.

También en la comunidad en general, especialmente entre los padres, es necesario promover una mayor conciencia del juego, de la importancia de la variedad de juegos para los niños, de aquellas señales que nos dan los niños a través del juego evidenciando dificultades más o menos serias.

Para jugar es necesario que se abra una puerta; como apertura de deseos, alguien tuvo que instaurar la esperanza del encuentro-reencuentro y el temor a mantenerse alejado.

El juego se enlaza a la creación-recreación, es por esto fundamental para el crecimiento. Fantasías, pulsiones y pensamientos se entraman en el juego infantil. Posibilitado por la diferenciación yo-no yo, por la capacidad de sustituir y de presentificar una ausencia, el juego posibilita la creación de enlaces, representaciones y huellas anémicas.

El juego supone la realización deformada de deseos, la sustitución de una cadena de representaciones, la transformación pasivo-activo.

La construcción de un producto nuevo sobre la base de una historia, la posibilidad de ligar lo que irrumpió, sin palabras. Permite elaborar lo doloroso y se opone a la violencia, porque permite un ejercicio de poder en el que el otro no es anulado, sino ligado al placer y a la creación.

La marginalidad produce como efecto que el sujeto quede por fuera de las relaciones de producción y de la cadena de significantes culturales. Se profundizan las condiciones de empobrecimiento yoico y el sentimiento de impotencia que le hacen creer al sujeto que él es incapaz de transformar su situación de opresión. Es por esto que desde el juego como herramienta se favorece el desarrollo de los factores de protección disminuyendo el empobrecimiento del yo, la interacción y la inclusión social.

Los niños expresan en la actividad sus deseos y temores, sus aciertos y sus dificultades; reconocer estas características favorece un desarrollo integral del niño.

Modos de intervención

Consideramos prácticas sociopsicopedagógicas a aquellas cuya finalidad sea promover los procesos de transformación sociopsicocognitivos que le faciliten al niño el intercambio con pares, la integración en su escuela, la potenciación de sus recursos, la flexibilización en los diferentes roles en los que tiene que participar: alumno, compañero, hijo, hermano, amigo.

Destacamos el uso de *la pregunta* a través de la cual se favorece el desarrollo del pensamiento crítico de los niños, y la posibilidad de percibir diferentes maneras de solucionar problemas, superar obstáculos, socializar las ideas. En los encuentros privilegiamos el diálogo y la conversación como modo de construir significados compartidos.

La intervención por excelencia que tenemos es *la pregunta*. Entre las intervenciones implementadas con más frecuencia, se encuentran:

1. Modelo de alternativas múltiples: dar opciones y la alternativa de hacer otra cosa que se le ocurra al niño.

2. Mostración: una intervención no hablada. (Ejemplo: correr algo de lugar para que el niño note que tendría que hacerlo).

3. Acrecentamiento del modelo: partir de lo que trae el niño, ampliar aquello que trae, no ofreciendo un contra-modelo.

4. Señalamiento: se relacionan dos conductas que para el niño están disociadas. Para poder hacerlo tienen que haberse dado las recurrencias. (Ejemplo: cada vez que te pregunto de la escuela vos te vas al baño).

5. Interpretación: uno le agrega el motivo. (Ejemplo: ¿será que te da miedo hablar de la escuela? El miedo puede ser el motivo).

6. *Rol playing*: representar las escenas temidas. (Ejemplo: miedo a pasar al pizarrón o a dar una lección, jugamos con esto para ver qué le pasa).

Subjetividad

Lo humano y lo social, lejos de constituirse de una vez y para siempre, están fuertemente determinados por la contingencia socio-histórica. Por lo tanto, la subjetividad es situacional, en tanto peculiaridad local y no global. Cada situación engendra una humanidad específica, lo que implica su constitución a través de prácticas específicas. Las prácticas productoras de subjetividad, si se estabilizan dan lugar a los dispositivos productores de subjetividad. El sujeto debe realizar diversas operaciones para habitar dicho dispositivo.[14] Así concebimos nuestra práctica de intervención sociopsicopedagógica: entendiendo que el niño realiza las operaciones para habitar y llevar a cabo la ludoteca.

---

[14] Lewkowicz (2004). Pensar sin Estado. *La subjetividad en la era de la fluidez.* Buenos Aires: Paidós.

La ludoteca

(Dispositivo que nos permite llevar a cabo la producción e información para esta investigación).

Es un espacio libre donde se propone una oferta lúdica con actividades que comprendan a todo el grupo, sin importar las diferencias presentes, con el fin de generar situaciones de aprendizaje y establecer relaciones familiares, educativas y sociales.

Encuadre

El encuadre es el marco que se denomina el *no proceso*. Es lo que permanece constante para evaluar lo que pasa interiormente, es la normativa a través de la cual se ve lo que está pasando.

Duración: anual / Tiempo: una hora y media.

1er momento: diálogo.

El armario permanece cerrado y se conversa acerca de las modificaciones que se hayan presentado (ausencias, nuevos integrantes, nuevos materiales, nuevas normas de convivencia).

2do momento: elección de los juegos.

Cada pequeño grupo, junto con la psicopedagoga, elige hasta tres juegos para utilizar en ese encuentro. Luego se cierra el armario.

3er momento: juego.

Se desarrolla la actividad lúdica. Las residentes registran y juegan con los nenes.

4to momento: orden y cierre.

Unos minutos antes de concluir, se anticipa a los niños que el encuentro está por terminar, dando la oportunidad de cerrar el juego.

Se ordena el material y, si queda tiempo, se socializa acerca de las actividades realizadas en cada grupo.

Frecuencia: semanal /

Espacio: aula del Hospital UAI

El aula será organizada antes de que lleguen los niños. Las sillas sobrantes deberán ser acumuladas en el fondo del aula de forma de liberar el mayor espacio posible.

Los juegos no se desarrollarán en el piso sino en los pupitres.

Materiales: cajas con juguetes y material desestructurado.

Los juegos y juguetes deberán estar organizados por la complejidad que presenten y en estantes donde figuren desde qué edad pueden ser jugados.

Ubicación de los padres: los padres se encuentran en el aula contigua conversando de sus problemáticas y de sus hijos.

Aspectos que se tienen en cuenta en la intervención

a) Acciones que realizaron los niños a partir de las propuestas de las psicopedagogas.

*Participar en juegos grupales, asumiendo diferentes roles, compromisos, derechos y obligaciones.

*Expresar y comunicar libremente sus pensamientos a través de diferentes lenguajes.

*Jugar con juegos y juguetes adecuados a la edad o a la discapacidad que lo aflige.

*Crear propuestas diferentes con los juegos y juguetes a las establecidas.

*Elegir juguetes acorde con sus gustos, intereses, posibilidades y habilidades.

*Reparar los juguetes que se hayan deteriorado.

*Efectuar actividades lúdicas específicas que favorezcan su desarrollo psicomotor, cognitivo, crítico, creativo y afectivo.

*Realizar actividades lúdicas con sus padres. Reaprender el juego.

*Confeccionar juguetes para poner en juego la creatividad, la libre expresión y el pensamiento.

*Asumir responsabilidades como el cuidado de los materiales, el respeto por el encuadre, la organización del tiempo y el espacio, entre otras.

b) Modalidad de aprendizaje: observada y registrada durante los momentos de juego.

*Si predomina el modo adaptativo, asimilativo o acomodativo.

*Cuál es el vínculo que establece con los aprendizajes asistemáticos y sistemáticos: dependiente, hostil, pasivo, controlado, autónomo.

*Qué estrategias de aprendizaje utiliza: negación, evitación, regresión, fluctuaciones, disrupciones, contradicciones, disociaciones, proyecciones, anticipación, reflexión y meta reflexión.

*Qué tipo de ansiedades tiene (confusional, paranoide, depresiva) y cuáles predominan.

*Cuál es su ritmo de aprendizaje (lento, esperable a las exigencias con las que se enfrenta, acelerado).

*Cómo connota el error (positivo o negativo).

Presentación de resultados

Para mostrar los resultados de las prácticas, presentaremos la evolución del comportamiento a lo largo de un año y medio, de cuatro niños, y el genograma de cada familia para visualizar cómo en el momento de su incorporación al grupo.

Natalia, 10 años. 4º grado

Motivo de consulta: dificultades para hablar y aprender. Fracaso escolar, repetición de 1er grado. Se manifiesta como una nena más pequeña, no se despega de su hermana mayor, es tímida y vergonzosa.

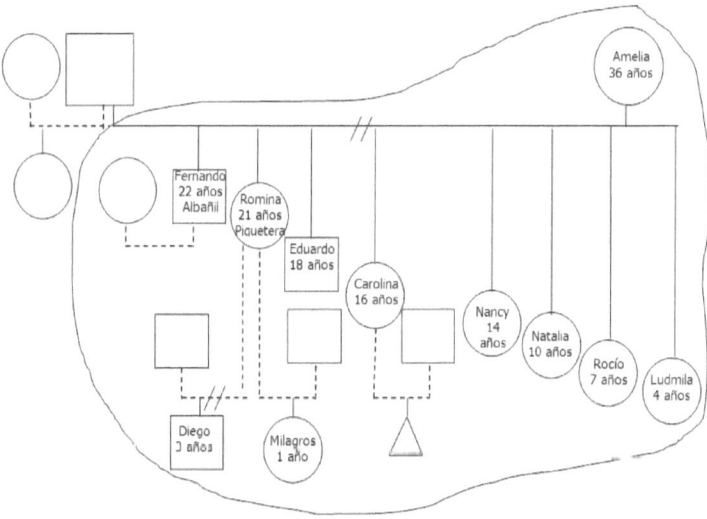

	AL INICIO	PRÁCTICAS E INTERVENCIONES	AL FINAL
AUTOESTIMA	Tímida, poco participativa, insegura, extremadamente callada. Evitativa y ansiosa. Huidiza en los momentos en los que se sentía expuesta y donde tenía que poner en juego sus conocimientos. Buscaba la aprobación del adulto.	Escucha atenta. Confirmación de su lugar en el grupo. Incremento de los tiempos de espera. Señalamiento e interpretación. Preguntar qué la incentiva a su reflexión e implicación.	Más participativa, espontánea al expresar sus sentimientos. Menos insegura, interactuaba con sus compañeros. Comienza a tolerar la frustración. Continúa buscando aprobación del adulto.
VÍNCULOS AFECTIVOS	Se vinculaba predominantemente con el coordinador Demandante, excesivamente dependiente del adulto, con una fuerte tendencia al pegoteo, a la espera de que la coordinadora se dedicara sólo a ella. No participaba de las actividades propuestas por sus pares. Su modalidad de vincularse era hostil y violenta.	Escucha atenta. Pregunta. Reconocimiento de logros de incentivo a participar de actividades grupales. Alternativas múltiples.	Comenzó a mostrar sentimientos de confianza con sus pares y ayudantes. Demuestra mayor autonomía, tomando decisiones. Participa con frecuencia de juegos con pares. Puede responder sin agresión a las intervenciones de sus pares.
HUMOR	Muy inestable, muy poca tolerancia a la espera y a la frustración. Se enojaba rápidamente en los juegos reglados que compartiera con sus pares.	Acompañamiento en la espera. Interpretación. Señalamiento. Pregunta. Narrativa.	Más estable, con mayor tolerancia. Acepta la espera aunque aún le cuesta Aún desafía los límites.
CREATIVIDAD	Prefería dibujar sola y dedicárselo a la coordinadora o a la residente. Pasaba mucho tiempo en juego simbólico solitaria o con la coordinadora.	Preguntas. Narrativa. Alternativas múltiples. Señalamiento. Interpretación.	Usa el dibujo como herramienta para elaborar situaciones conflictivas. Juega predominantemente de reglas con residentes y con pares de modo indistinto.

Diego, 3 años
Motivo de consulta: no hablaba. Una tía acompañaba a su abuela para que trajera a Natalia.

	AL INICIO	PRÁCTICAS E INTERVENCIONES	AL FINAL
AUTOESTIMA	Tímido, inseguro y poco participativo. No lograba jugar ni interactuar con los juguetes u otros materiales.	Señalamiento. Incentivo a realizar actividades. Modelado.	Participativo con los residentes y pares. Puede elegir juguetes y materiales, espontáneamente y jugar con uno o dos pares.
VÍNCULOS AFECTIVOS	No hablaba. Dependía permanentemente para expresar sus necesidades y deseos de sus tías, quienes funcionaban de mediadoras.	Interpretación. Narrativa. Modelado. Señalamiento. Aprobación. Connotación positiva permanente. Confirmación.	Comenzó a relacionarse con los adultos, a través del lenguaje. A través del uso de este lenguaje, puede expresar sus deseos y solicitar ayudas cuando las necesita.
HUMOR	Inexpresivo, con actitud retraída sobre sí misma. Con tendencia a pegotearse con sus tías.	Señalamiento. Interpretación. Confirmación de logros. Acompañamiento. Aprobación.	Se muestra más participativo y desinhibido. Expresa sus sentimientos del digital y analógico. Expresa alegría.
CREATIVIDAD	Sus actividades estaban condicionadas a las elecciones de sus tías.	Modelado. Señalamiento. Confirmación de logros. Incentivo. Invitación a realizar actividades con independencia de sus tías.	Puede elegir actividades como dibujar donde, si bien aún está en la etapa del garabato, puede explorar diferentes materiales o realizar juegos simbólicos con adultos o con pares.

Nazareno, 10 años. 5to grado

Motivo de consulta: variado. Este niño participa desde la primera etapa en Los Piletones. Presenta dificultades en la convivencia escolar, intolerancia a la frustración, inquietud y ansiedad, impulsividad, desatención.

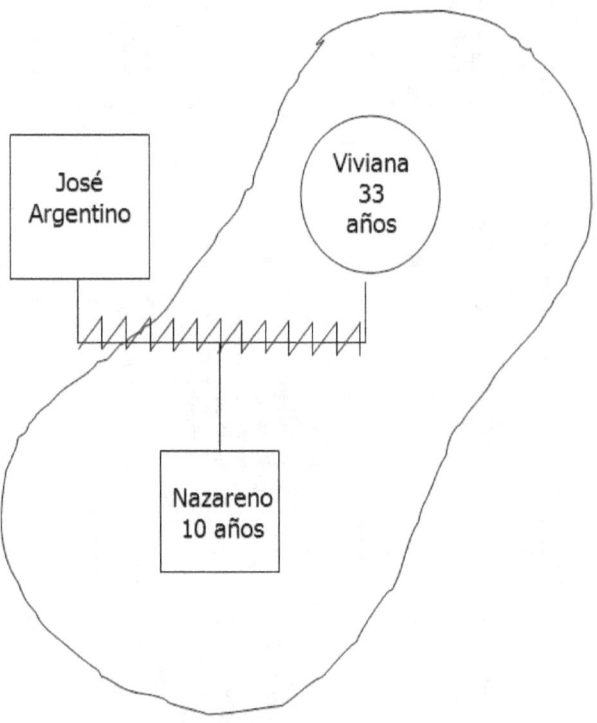

	AL INICIO	PRÁCTICAS E INTERVENCIONES	AL FINAL
AUTOESTIMA	Autoestima alta, egocéntrico. Serias dificultades para compartir actividades, ideas o sentimientos y materiales con los adultos y sus pares. Tendencia al *acting-out* poniéndose en riesgo a él y a los demás.	Escucha atenta. Confirmación de su lugar en el grupo. Incremento de los tiempos de espera. Señalamiento e interpretación. Preguntas que incentivan a su reflexión e implicación.	Más participativo y reflexivo. Expresa sus sentimientos. Participa de juegos reglados con pares y residentes.
VÍNCULOS AFECTIVOS	Se vinculaba sólo con una res dente en busca de límites. Su dificultad de relación con otros adultos y pares era marcada. Desafiante y trasgresor. Su modalidad de vincularse era agresiva (verbal y físicamente) y violenta. Generalmente molestaba y destruía las producciones de los pares, propias y ajenas.	Escucha atenta. Pregunta. Señalamiento. Confirmación de sus logros. Incentivo a participar de actividades grupales. Alternativas múltiples.	Es capaz de comunicarse con todos los adultos del grupo y con pares. Su modalidad de comunicación sólo es verbal, puede expresar sus enojos con esta herramienta. Participa con frecuencia de juegos con pares.
HUMOR	Muy irascible e inestable, muy poca tolerancia a la espera y a la frustración. Se enojaba rápidamente ante situaciones comunes de juego que requirieran compartir con otros pares.	Acompañamiento en la espera. Interpretación. Señalamiento. Preguntas. Alternativas múltiples.	Más estable, mejoró el trato. Acepta la espera aunque aún le cuesta. Aún desafía los límites, pero le es posible reflexionar y reparar si ha realizado una conducta incorrecta.
CREATIVIDAD	Es bastante creativo en todas sus actividades. Utiliza el dibujo, aunque muchas veces lo copia de cosas que trae de su casa, agregándole algunos detalles. En el juego dramático, inventa historias muy ricas, como forma de elaboración de situaciones conflictivas. En muchas ocasiones no puede mantener el hilo de las mismas, por un alto grado de distracción que le genera el estar atento a todo lo circundante.	Mostración. Modelado. Preguntas. Alternativas múltiples. Señalamiento. Interpretación.	Usa el dibujo como herramienta para elaborar situaciones conflictivas. Juega con reglas con ayudantes y con pares.

Cristian, 8 años. 3er grado

Motivo de consulta: el motivo fue variando. Asiste a Los Piletones por retraso madurativo desde que empezó la escolaridad en el jardín a los 4 años. Posee tendencia al aislamiento, se manifiesta con dificultades en el lenguaje, tiene miedos y temores nocturnos.

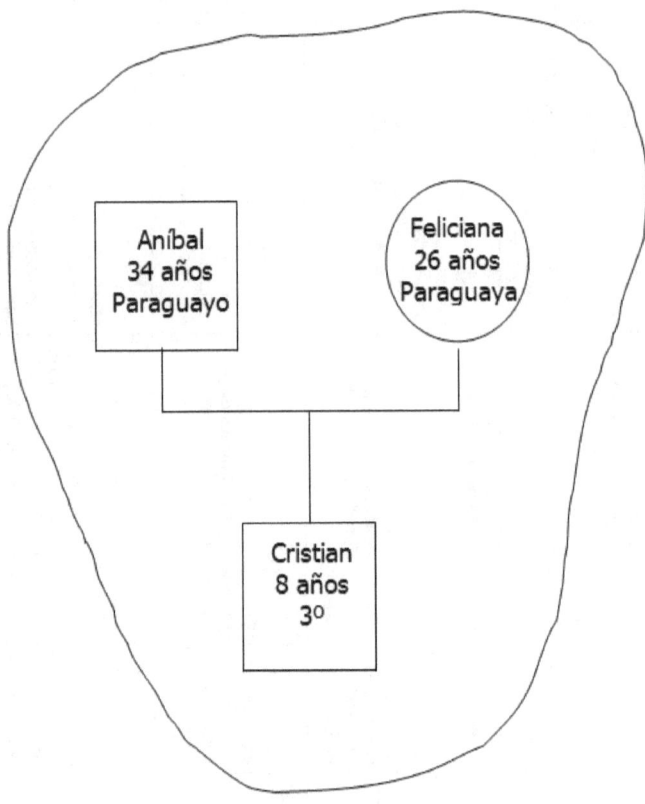

	AL INICIO	PRÁCTICAS E INTERVENCIONES	AL FINAL
AUTOESTIMA	Retraído, aislado. Tendencia a la inexpresividad. Inseguro, huidizo y evitativo. Ante preguntas y juegos y situaciones donde se pusieran en juego sus conocimientos no lograba expresar sus deseos e intereses.	Acompañamiento. Diálogo, pregunta. Interpretación y señalamientos focalizados en la separación y en la expresión de sus propios intereses.	Expresivo en situaciones de placer como de enojos. Elige juegos y materiales de trabajo. Confía en los residentes y en sus pares. Reconoce y disfruta los logros.
VÍNCULOS AFECTIVOS	Marcada dependencia con el adulto significativo, indiscriminación, indiferenciación. Vínculos de desconfianza.	Señalamiento e interpretación. Diálogo, pregunta.	Vínculos de apego con los residentes. Discriminación y diferenciación con los integrantes del grupo. Puede participar de las actividades sin necesidad de la mirada del adulto.
HUMOR	Miedos y terrores nocturnos, inexpresivo y avergonzado. Sometimiento al adulto como rasgo de inhibición.	Señalamiento e interpretación.	Puede poner en palabras y narrar sus miedos y pesadillas. Expresivo y alegre por momentos. Muestra mayor confianza.
CREATIVIDAD	Comportamientos repetitivos y estereotipados	Mostración. Modelo de alternativas múltiples.	Más flexible. Más seguro.

Cambios observados en los niños
　*Lograron relacionarse y establecer vínculo.
　*Lograron comenzar procesos de diferenciación, como modo de constituir su independencia.
　*Comenzaron a otorgar sentido a sus experiencias dolorosas.
　*Comenzaron a desarrollar su capacidad de espera y el control de sus actos.
　*Adquirieron capacidad de dominio.
　*Transitaron el proceso de lo individual a lo grupal, de lo personal a lo social.
　*Mejoras en la socialización con sus pares y en la escuela.
　*Lograron expresar lo que les pasaba, reemplazando acciones violentas por palabras y por la toma de decisiones propias en relación a los juegos.
　*Fortalecieron su autoestima y aumentaron su capacidad de tolerar la frustración que les produce equivocarse y empezar de nuevo.

Conclusiones

Ser niño no es ni ha sido fácil nunca. La infancia es una etapa de la vida en la que se está sujeto a los avatares de los otros, a los deseos de sus padres, a sus ideales, a sus normas, a sus triunfos y desdichas cotidianas. Padres marcados por su propia historia, por la de sus antepasados, y por la sociedad y el momento histórico-político en el que viven y han vivido su propia infancia. El mundo es, para el niño, los otros que los rodean, marcados por la sociedad y la cultura y las condiciones sociales, políticas y económicas. Esos otros suelen constituirse como sostén y cuidado, pero también son portadores de angustias, frustraciones, dolores y temores. Cuando las fuentes de apoyo, solidaridad, seguridad y confianza se encuentran erosionadas se puede hablar de zonas de vulnerabilidad, una de ellas caracterizada, someramente, por una precariedad en relación con el trabajo y por una fragilidad de soportes relacionales que incluyen los vínculos familiares y sociales.

Los niños con los que trabajamos pertenecen a este zona de vulnerabilidad, en su gran mayoría son extranjeros, de padres oriundos de los países limítrofes de la Argentina (Bolivia, Paraguay y Perú). Viven en asentamientos comunitarios y asisten a escuelas públicas gratuitas o parroquiales, becados o con convenios, muy próximas a los asentamientos en los que habitan. Así como los secretos familiares tienen efectos en los procesos de subjetivación en los miembros de una familia, cuando hay situaciones sociales que no fueron elaboradas y metabolizadas, también sus efectos pasan en forma bruta a los hijos: los terrores sin nombre, las angustias, los estados de depresión; transmitiéndolos como vacíos, generando un efecto de golpes opresivos frente a los que no hay alerta posible. Suponemos que la vulnerabilidad se expresa por la imposibilidad de defensa frente a los hechos traumatizantes o dañinos, debido a la insuficiencia de recursos psicológicos, defensivos personales y merced a la ausencia de apoyo externo además de incapacidad para adaptarse al nuevo escenario generado por la situación de riesgo. La crisis de los lazos sociales deviene en crisis del sujeto y esto impacta en las potencialidades de los niños, para aprender deviniendo en síntomas y problemáticas escolares, repitencias, fracasos y exclusión social.

Nuestra incidencia a través de estas prácticas de intervención social y psicopedagógica promueve la participación de los niños y sus familiares en un espacio de juego y reflexión de sus modos de aprender, relacionarse y estar en situación. La tarea realizada implica un modo de pensar la salud, los vínculos y la creatividad. Pensar los vínculos como acontecimientos. Hay vínculo cuando hay encuentro, cuando la presencia de otros se nos impone y nos afecta. Todo acontecimiento marca un antes y un después, y en sí mismo tiene efecto transformador. Promover la participación de los niños y sus familias en esta ludoteca asistida por docentes y alumnas residentes ha sido y es para nosotras un "hecho" de salud. La ludoteca y el juego se constituyen en el escenario privilegiado para desarrollar la tarea y para que estos niños habiten la niñez cuidada y protegida. Nos parece importante distinguir la idea de juego como una suerte de recurso psicopedagógico promovido en situaciones de interacción adulto-niño, como una actividad deliberada propuesta en un contexto de cambio y transformación. Mientras los niños asisten a la ludoteca, sus familiares (madre, padre o hermano) participan de otro espacio, en el que prima la horizontalidad y la red, aquí y desde la perspectiva de la complejidad se pueden construir intervenciones inéditas que resultan útiles para el abordaje de situaciones complejas. Espacio de agenciamiento colectivo, de producciones vinculares que involucran a las familias, las fortalecen, las sostienen en red. La participación de los niños/as y sus madres/padres, constituye para nosotras un hecho de *salud mental*. Implica un proceso en el que, como actores involucrados, se reconozcan como sujetos sociales responsables, constructores de su propia historia, atravesada por cuestiones materiales, representaciones sobre sí mismos, sobre los otros y sobre la realidad que los circunda. Sostenemos que la participación promueve lazos sociales, es imposible concebir este proyecto sin la participación de las escuelas. Desde el encuentro con directivos, maestros, orientadores sostenemos la potencia transformadora de los vínculos.

A modo de cierre, compartimos un cuento que utiliza Esteban Levin (2000):

Cuando era chica mi abuela jugaba conmigo el juego del hilo: recogía un piolín del suelo, anudaba los extremos, metía las dos manos en el círculo que se había formado, las extendía todo lo que el hilo lo permitía y, con las palmas y los dedos, empezaba a tejer: hacía una cuna y me la ofrecía. Poco a poco fui aprendiendo a quitarle el hilo de las manos transformando la cuna en catre, después ella metía las manos en mi catre, que dejaba de ser catre y se convertía en las vías del ferrocarril y después, al recuperarlo yo, en cruz, luego en estrella, y de nuevo en cuna. Mi abuela y yo compartíamos algo, un cuento mudo, un mundo imaginario, precario, frágil, que no estaba adentro de mi abuela, ni en mis adentros, ni tampoco era cosa del mundo del afuera. Estaba en el borde, en una zona de encuentro casi fantasmal, en un círculo mágico inmensamente libre. Habitábamos juntas durante un rato, deliberadamente, porque sí, una fantasía. El del hilo no es un discurso dirigido, no va derechito hacia la meta, como si fuera peligroso distraerse del camino. El del hilo es un discurso redondo, un juego peligroso en el que, para sobrevivir es obligatorio perderse. En esa zona de peligro y libertad, el hilo y el peligro pasan de mano en mano. El papel de tejedor de hilos es más complejo y posiblemente menos prestigioso que el del ogro, pero tiene una ventaja grande: es una construcción típica de frontera, que cree en el borde, en esa tercera zona que tan luminosamente dibujó Winnicott, y trabaja para ensancharla.

La ludoteca no es ni nuestra ni de los niños: se encuentra en esa zona de frontera deviniendo niño, deviniendo juego, deviniendo creación, deviniendo esperanza.

Bibliografía

ANDOLFI, M. (1991). *La familia como sistema relacional. La participación de los niños en la terapia familiar a través del juego en Terapia Familiar. Un enfoque interaccional.* Buenos Aires: Paidós.

ARZENO, M. E. (2004). *Pensar, aprender y subjetivar. De la psicopedagogía a las prácticas de pensamiento.* Buenos Aires:

AUGÉ, M. (2000). *Una antropología de la sobremodernidad.* Barcelona: Gedisa.

BARUDY, J. (1998). *El dolor invisible de la infancia. Una lectura ecosistémica del maltrato infantil.* Buenos Aires: ó.

BRUNER, J. (1988). *Juego, pensamiento y lenguaje.* Madrid: Alianza.

CIRULNYK, B. (2002). *Los patitos feos. La resiliencia: una infancia infeliz no determina la vida.* Barcelona: Gedisa.

FERNÁNDEZ, A. M. (1999). "Notas para la constitución de un campo de problemas de la subjetividad". En *Instituciones Estalladas.* Buenos Aires: Eudeba.

GIBERTI, E. (2006). *La familia a pesar de todo.* Buenos Aires: Noveduc.

LEVIN, E. (1995). *La infancia en escena. Constitución del sujeto.* Buenos Aires: Nueva Visión.
LEVIN, E. (2000). *Función del hijo. Espejos y laberintos de la Infancia.* Buenos Aires: Nueva Visión.
LEWKOWICZ, I. (2004). *Pensar sin Estado. La subjetividad en la era de la fluidez.* Buenos Aires: Paidós.
LEWKOWICZ, I.; COREA, C. (1999). ¿Se acabó la infancia? Buenos Aires: Lumen.
PICHON RIVIERE, E. (1971). *La psiquiatría, una nueva problemática. Del psicoanálisis a la psicología social.* Buenos Aires: Nueva Visión.
VARELA, J. (1997). "Categorías espacio temporales y socialización escolar: del individualismo al narcisismo". En *Escuela, poder y subjetivación.* Madrid:
VIGOTSKY, L. (2003). *La imaginación y el arte en la infancia.* Madrid: Aula magna.
WINNICOT, D. (1988). *Realidad y Juego.* Barcelona: Gedisa.

CAPÍTULO 11
LA CONSTRUCCIÓN DEL CUIDADO Y LA ALTERIDAD. LOS ACTORES Y LAS PRÁCTICAS

Chardon, María Cristina[1]*;*
Bottinelli, María Marcela[2]
2007

El presente trabajo se enmarca en los Proyectos de investigación UBACyT[3] que venimos realizando desde 1996 en el área de Psicología Educacional. Se trabajó centralmente en la interface salud-educación y en este escrito se presentan algunas conclusiones sobre el análisis de datos de un trabajo que comenzó bajo la temática de la educación para la salud y la prevención de accidentes. En el desarrollo de este trabajo surgió la construcción de la noción de cuidado.

Referentes teóricos en la delimitación y construcción del objeto de investigación

Según la carta de Ottawa (1998): *La salud es el resultado de los cuidados que uno se dispensa a sí mismo y a los demás, la capacidad de tomar decisiones y controlar la propia vida y de asegurar que la sociedad en que uno*

---

[1] Universidad de Buenos Aires; Universidad Nacional de Quilmes.
[2] Universidad de Buenos Aires; Universidad Nacional de Lanús.
[3] Directora: Dra. María Cristina Chardon. Investigadora Principal: M. Marcela Bottinelli. Equipo: M. Ferreyra; J. C. Mayol; L. Grippo, becaria de maestría y forma parte de la Cátedra de Psicología Educacional I de la Facultad de Psicología de la UBA, cuya titular es la Dra. Nora Elichiry

vive ofrezca a todos sus miembros la posibilidad de gozar de un buen estado de salud.

Las metas de la promoción de la salud pensadas desde esta perspectiva teórica tenderían a crear ambientes de apoyo (redes sociales), a construir políticas públicas saludables, a fortalecer el protagonismo de la comunidad (a nivel local), a desarrollar capacidades personales (autocuidado, aumento de control) y a reorientar los servicios de salud (hacia servicios comunitarios centrados en las personas).

Por otro lado, la teoría de las representaciones sociales que surge en la Europa francófona en 1961, con la obra *El psicoanálisis, su imagen y su público*, permite cuestionar y superar los dualismos sujeto-objeto, individuo-sociedad para poner en juego las pautas socioculturales de cada comunidad, la circulación de la información, el aprendizaje, las prácticas cotidianas y la inclusión de la novedad. Es esta una de las funciones capitales del concepto de representaciones en el campo de las ciencias sociales: la de renovar el diálogo y el intercambio fecundo entre las aproximaciones disciplinares en un momento de supresión de los bordes, pero también y solidariamente de supresión entre el pensamiento científico y el sentido común.

La teoría de las representaciones sociales ofrece herramientas conceptuales y epistemológicas que le permiten a las ciencias sociales contribuir a la solución de los problemas que las sociedades presentan en la actualidad.

Jodelet (1984) pone de manifiesto, a partir de su trabajo empírico sobre la convivencia con los dolientes mentales, a través de un exhaustivo y minucioso estudio etnográfico, las sutiles articulaciones y tensiones entre los contextos de producción y reproducción de la vida cotidiana, las pautas culturales, las prácticas y las creencias ancestrales sobre las formas de propagación de las enfermedades.

Por su parte, Arruda (1990) postula que las representaciones sociales se constituyen en un sistema articulado que es trama de significados. Destaca la dinámica y densidad de estas, su enraizamiento en la sociedad así como su aspecto creativo, autónomo y su carácter de teoría profana.

Una representación social (RS) nunca es simple, ni se agota en la descripción de los elementos que conforman su núcleo central y/o periférico. Subraya su intensidad, sus ramificaciones en el terreno en el que germina y la trama en su propio interior. Resulta entonces necesario explicar la RS en su inserción sociocultural, en su condición rizomática, por su génesis, localizando su núcleo central o su principio organizador.

Aspectos metodológicos

Se trata de un diseño exploratorio descriptivo, con metodologías cualitativas y utilización de fuentes primarias y secundarias centradas en la identificación de tipos categoriales. Al trabajar la temática se definió la necesidad de trabajar las relaciones familia-escuela, puesto que las representaciones de cuidado tienen sus raíces en ambos contextos. Se trabajó pues con los diferentes actores sociales involucrados (niños, padres y maestros) adaptando las estrategias de recolección de datos más útil para cada grupo. Las herramientas utilizadas con cada uno fueron:

ACTORES SOCIALES	INSTRUMENTOS	FUENTES PRIMARIAS	FUENTES SECUNDARIAS
PADRES	Talleres grupales.	X	
	Cuaderno itinerante del títere viajero.	X	
	Observación participante.	X	
NIÑOS/AS	Grupos focales con técnicas de simulación (Talleres con títeres).	X	
	Observación participante en aula, recreo.	X	
	Producciones gráficas.	X	
MAESTROS	Cuaderno de registro de los accidentes en la escuela.		X
	Entrevistas en profundidad.	X	

Dimensiones de análisis

La recolección de datos debe estar acompañada por la interpretación de estos a la luz del marco teórico. Entre las dimensiones de análisis surgidas en la relación entre nuestro marco teórico y la problemática a abordar decidimos focalizar las siguientes para esta presentación:

Experiencia (Jodelet, 2006)

Dimensión de la vivencia: que remite a las formas en que los hechos afectan a la conciencia sobre el plano emocional e identitario.

Dimensión cognitiva: contribuye a la construcción de la realidad en base a las categorías y las formas socialmente creadas. Se toman de las pre-construcciones culturales y de una reserva común de saberes que da forma a la experiencia.

Themata (Moscovici, 2001)

Ideas primeras, fundamentales, ideas-fuerza sobre las que descansa el juego socio-cognitivo de la representación discursiva.

Moscovici ya había demostrado cómo la experiencia social se encuentra marcada por la enunciación y sus formas de comunicación.

Las máximas y las representaciones guiadas por las *themata* modelan nuestras acciones, corporifican nuestras formas de pensar y nos permiten analizar la hermenéutica de la cultura.

Alteridad (Jodelet, 1984, 2006; Moscovici, 1961, 1984, 2001; Arruda, 1999)

La construcción de un otro como diferente/distinto, ya había sido señalada por Piaget a partir de la descentración, de manera de poder distinguir otro, que piensa.

La noción de otro aparece cuando se encara esa región intersubjetiva o intermental, cuando los otros son reconocidos. Se tienen en cuenta ciertos indicios que nos permiten comprender a otro o acordarnos de ellos/as.

Cuidado (Ulloa, 1995)

Fernando Ulloa señala que la función fundamental de la familia es brindar protección, alimento y cuidado al *cachorro* humano.

La institución de la ternura tendrá la doble función de transformar al recién nacido en sujeto y de introducirlo en el mundo de la cultura. Esta institución permitirá establecer el trípode salud mental/ética/derechos humanos que deberán tener un equilibrio. Si algún eje se desbalancea, se desbalanceará el resto.

Principales resultados

En función de lo anterior se presentan a continuación algunos resultados y conclusiones de la investigación.

Niños/as: taller de títeres

Se realizaron 14 talleres de títeres, divididos en dos entradas al año, en cada sala. La primera entrada se realiza en el mes de junio (4 sesiones de 45 minutos aproximadamente, tanto en la sala de 2 años como en la de 4). La segunda entrada se realiza en el mes de noviembre (3 sesiones de igual duración). Estos encuentros se armaron siguiendo un guion que la directora del proyecto produjo con la titiritera. Estos guiones se realizaron teniendo en cuenta la vasta experiencia de la titiritera en el trabajo con niños, aunque no en el tema de Educación para la Salud. Esta experiencia, junto con la prueba piloto y la colaboración de la directora del equipo, tuvo en cuenta: la edad de los participantes y los objetivos diferenciales de cada momento de la investigación. Por ejemplo: en el primer taller, de presentación, se desarrolló el planteo del tema y el reconocimiento de saberes, creencias, actitudes y referentes de los niños. Los errores encontrados en la implementación se fueron corrigiendo sesión tras sesión. Todo se registró a través de 5 horas de filmación de la primera entrada: grupo de 2 y 4 años) y 3 horas de filmación de la entrada de noviembre.

Lo que dijeron los niños antes la pregunta ¿qué es cuidar?

"Los vamos a acariciar"; "Los vamos a hacer upita" (acompañado de un gesto); "Los vamos a hamacar" (acompañado de un gesto); "También a decirles NO!"

(con gesto del índice); "No tragarse monedas"; "No jugar con fuego"; "No pegarle a otro un zapatillazo"; "Y menos en la cara"; "En la pileta no ir a la parte honda"; "No agarrar a otro de los pelos"; "No tratarlo mal".

Un accidente es...
"Cuando te caes o te lastiman"; "Si te quemás con fuego".

Representaciones de niños y niñas de 4 años

Podemos señalar la hipótesis de que las *primeras nociones de cuidado están asociadas con algo externo dado por el otro*. La posibilidad de ejercer el propio cuidado es secundaria al otorgado por las figuras significativas de infancia. Esto pone de manifiesto la posición de dependencia e indefensión del cachorro humano.

A su vez, para cuidar, la primera actividad propuesta es la de *acariciar*, una posición amorosa en la relación cuidador-cuidado que implica, como señalan numerosos autores (Ulloa, 1995; Taber, 2005), el miramiento hacia el otro, que impide el apoderamiento y promueve la construcción de un otro diferente a nosotros mismos.

Luego de insistir en la idea de ayudar a los títeres a cuidarse, los niños respondieron enumerando una lista de prohibiciones que no se corresponden con las situaciones de riesgo planteadas: "no hay que jugar con fuego", "no hay que meterse solo a una pileta"; "no hay que tragarse una moneda"; "no hay que chocarse con un árbol".

Los niños aparecen como siendo hablados por sus figuras significativas. Enuncian prescripciones que resultan ineficaces para la resolución de las situaciones planteadas.

Lo mismo se evidencia en la consigna del dibujo. La producción se centra preponderantemente en la ilustración de alguno de los títeres. En pocos casos, luego de cierta insistencia por parte nuestra, dan alguna indicación con respecto a cómo ayudar a los títeres a cuidarse. Comienzan a aparecer frases en positivo construidas por ellos mismos con una menor proporción de sentencias en negativo cuando:

a) Lo intersubjetivo (social) que aparece como exterioridad comienza a constituirse como propio (intrasubjetivo): "Los vamos a acariciar".

b) Las situaciones planteadas se pueden relacionar con las propias experiencias vividas, los niños manifiestan saber cuidarse: cómo sentarse, cuáles son los riesgos de no tomar precauciones. Aquello que fue construido con los pares en ámbitos de juegos.

Las frases prescriptivas aparecen ligadas a las frases de los padres. Cuando pueden enunciar frases que no empiezan con "No", son las ligadas a las experiencias propias, a la experiencia vivida, en el ámbito de la cotidianeidad con *esos* juegos en *ese* parque de la escuela.

En estas experiencias referidas a sus prácticas cotidianas, no aparecen frases con carácter prescriptivo, ni normativo. Si aparece la negación, es en una frase declarativa, que demuestra la aparición de la toma de conciencia de las propiedades de sus propios cuerpos (equilibrios, balanceos, etc.), en relación con los objetos.

Otro dato interesante a señalar es que surgen más ideas en relación a *cómo se cura*, que a *cómo se evita*, es decir, aparecen nociones de cuidado a posteriori: "le ponemos una curita", "lo curamos con agua". Esta ausencia, podemos hipotetizar, se debe al menor o casi nulo contacto con la noción de cuidado-prevención en el sentido de crear y mantener las condiciones de posibilidad ambientales para que la vida sea segura.

Primeras aproximaciones hacia la
construcción del cuidado

Primer tiempo: no hay conciencia de peligro. Dependencia total de los padres. Hay experiencia de ser cuidados, de que se ejerza la ternura sobre ellos mismos. Existen atisbos de la existencia del Otro y a que el cuidado está relacionado con la conducta amorosa de acariciar. Pero, paralelamente a esta línea, también aparece la línea de lo prohibido: lo que no se puede hacer a través de frases enfáticas iniciadas con imperativo negativo, que en general poco tienen que ver con el ámbito de los juegos. Son prescripciones generales relacionadas con la topología de la casa en la que se mencionan objetos pertenecientes a este ámbito: las monedas, el fuego, las zapatillas. Aparece un deslizamiento de sentido entre accidente y violencia/agresión. Los límites quedan poco claros y se pasa de uno a otro sin advertirlo. Es notable señalar que parece ser ésta una característica cultural importante o generalizada ya que aparece en los docentes (libro de registro de los accidentes), en los niños hablados por sus padres y en los padres.

Segundo tiempo: en sus prácticas cotidianas de experimentación y curiosidad los niños comienzan a construir nociones de cuidado con respecto a sus propios cuerpos, en relación con los juegos del parque en esta escuela, por ejemplo. Comienzan atisbos de conciencia de situaciones de riesgo, construidas en la relación cotidiana con los objetos: al balancearse en la trepadora, cómo agarrarse en el tobogán, etcétera. Esto puede ser explicitado a los títeres cuando se les enseña a cuidarse en los juegos. Hay representación de qué hacer frente a curar.

Tercer tiempo: construcción de la noción de cuidado. Consideramos que este es un tiempo a trabajar pues implica un aprendizaje, un entramado entre los aprendizajes escolares y los aprendizajes del medio familiar. Padres y docentes aparecen como amorosos promotores de las capacidades de los niños, fomentan la autoestima, la toma de decisiones y la confianza en el otro.

Padres: cuaderno itinerante del títere viajero

Desde el punto de vista metodológico es un instrumento creado por las investigadoras, para la obtención de fuentes primarias escritas. Al terminar las sesiones con la titiritera, que se realizaron una vez por semana, durante cuatro semanas seguidas, se elaboró el siguiente dispositivo: la titiritera regaló un títere de dedo para la sala, que quería quedarse a vivir con los niños. Se dejó una riñonera con el títere de dedo en su interior que iría paseando por los diferentes hogares para que la familia reunida le explicara al títere cómo cuidarse. Luego la mamá o el papá tendrían que transcribir lo que se habló en este "cuaderno itinerante del títere viajero". La riñonera, con su títere y el cuaderno permanecieron en cada casa uno o dos días y al ser devuelta a la escuela, se lo entregaba a otro niño. Transcribimos algunos registros a modo de ejemplo:

> *"Tenemos las puertas de las habitaciones de los placares, del baño, de la heladera, de las alacenas, del horno. Todas estas nos deparan riesgos diferentes. Unas porque están altas, como las de las alacenas en las que además de poder golpearnos las cabezas (sobre todo los adultos) si no las dejamos cerradas,*

pueden tener riesgos adicionales como la caída de elementos mal guardados cuando se abren.
Por esto ¡cuidado chicos! que estas puertas siempre las abra mamá o papá.
Chicos! Tengan cuidado el mayor riesgo de todas las puertas es al cerrarlas pues podemos agarrarnos los dedos, si no prestamos atención, ah y ojo también debemos abrirlas despacio porque detrás puede haber alguien como hermanitos, papá o mamá y si abrimos muy rápido podemos golpearlos.
CHICOS RECUERDEN TODO SE PUEDE HACER CON CUIDADO, TAMBIÉN CON AYUDA".
(Familia de Sala de 2 años)

"Nosotros solemos hablar con Federico y su hermana Julieta de cómo cuidarse en el club, ya que pasamos mucho tiempo en él. Como van de un lado a otro solos les damos los siguientes consejos:
Si pasan por un lugar donde estacionan y entran los autos siempre pararse antes de cruzar y mirar hacia los dos lados por si viene algún auto. No salir nunca del club, ni solos, ni acompañados.
Si subimos a un juego de plaza alto, como una trepadora o un árbol (a Federico le encantan) fijarse bien antes de subir si pueden bajar solos o si necesitan ayuda y en ese caso buscarla. No correr, ni subirse a esos lugares, con ramas, palos, chupetines, ni botellas de vidrio, que nos pueden lastimar por si nos caemos y necesitamos ambas manos para sostenernos.
También les decimos, por si nos necesitan, dónde estamos y si cambiamos de lugar, siempre les avisamos.
Como hacen deportes, tienen que cumplir con distintas reglas que ayudan a la prevención de accidentes (varían según cada deporte) y siempre recurrir al profesor.
Es muy importante que aunque se muevan solos o con sus amigos siempre sepan que pueden contar con los padres u otro adulto que esté a cargo. Espero que al títere también le sirvan. Un beso muy grande".
(Familia de Sala de 4 años)

Tipos de cuidado

En función del análisis e interpretación de cada una de las presentaciones realizadas por las familias, hemos caracterizado en principio dos tipos de cuidados:

a. Cuidado prescriptivo

*Sujeto pasivo, vacío, sin intereses.

*Sometido a las normativas de un otro en la posición de asimetría.

*El espacio es concebido como fondo; el cuerpo como atravesable, chocable, quemable.

*Cuidar es sinónimo de enumerar múltiples lugares.

*No da claves para entender la sociedad.

*Transmite temor, inseguridad.

b. Cuidado placentero autonomizante

*Sujeto activo, partícipe de su propio cuidado, con intereses y curiosidad.

*Pensado con capacidad para elegir. Tendencia a la horizontalidad con el adulto.

*El cuidado y el cuerpo son construcciones culturales.

*Cuidar es una construcción comunitaria, pública, compartida entre todos.

*Da claves, transmite seguridad y confianza.

*Establece la noción de alteridad.

Entrevistas con los padres

Las entrevistas en profundidad fueron tomadas en un Hospital General de agudos con los padres de los niños/as que habiendo llegado a la guardia tuvieron que permanecer internados por más de dos días. El eje de la pregunta que analizaremos tiene que ver con cómo piensan el futuro, cómo se piensan para adelante a partir del accidente. Se toman un total de 20 entrevistas en profundidad:

*80% de las respuestas: "no lo voy a dejar cruzar hasta los dieciséis"; "a partir de ahora se encierra en mi casa y no sale".

*20% de las respuestas: "voy a juntar firmas para que instalen un semáforo y se pueda cruzar, así a otro no le pasa lo mismo que a mi hijo"; "voy a ir a la escuela y hacer que revisen el travesaño del otro arco"; "voy a hablar con la Directora así lo que le pasó a mi hijo sirve para que no le pase a otro/a".

A partir de dichas respuestas conceptualizamos dos posiciones de los padres:

*Posición de encierro: frente al accidente se encierra. Se repliega en el ámbito de lo privado, de lo endogámico. Supone al niño como sujeto sometido que debe responder a sus iniciativas. El mundo es vivido como peligroso y lo trasmite. Frente a los problemas se esconde. Crea normas para prohibir, inhibir, coartar.

*Posición de negociación y apertura: encontrada en padres con experiencia de participación/prácticas de participación en organizaciones por el bien común, de grupos horizontales con metas comunitarias, tales como cooperadoras de las escuelas, sociedades de fomento, partidos políticos. Es una postura abierta, dirigida al futuro para cambiar condiciones de producción que afectaron a su hijo/a. Se manifiesta en el ámbito de lo público, dado que frente a los inconvenientes resuelve. Capaz de pensar en el Otro para cuidarlo. Esto implica su condición de ciudadanía. Tiene capacidad para instituir normas que buscan el bien común. Autónomo, creativo.

Docentes: cuaderno de registro de accidentes[4]

El cuaderno de registros de los accidentes se lleva en cada escuela de educación inicial desde que pasaron de la jurisdicción del Ministerio a la jurisdicción del gobierno de la Ciudad. En la materia Organización se les enseña a los docentes a completar las actas.

El hecho de definir la naturaleza textual de las actas y sus características de enunciación más importantes, como tipos de proposiciones usadas, modos de enunciación, tipos de marcas textuales, entre otras, permite reconocer que el lenguaje refleja las construcciones mentales y sociales, muchas veces inconscientes, de quienes escriben y leen.

Transcribimos algunos ejemplos de lo encontrado:

ACTA: XXXX.
FECHA: XXXX.
NOMBRE DEL ALUMNO: Juan XXXX.
EDAD: 4.
NOMBRE DEL DOCENTE: XXXX.
MOMENTO DEL ACCIDENTE: mañana.
LUGAR DEL ACCIDENTE: la sala.
DESCRIPCIÓN DEL ACCIDENTE: el niño presenta señales de "mordedura no sangrante" sobre su ojo izquierdo producido por el niño Tomás XXXX "sin que hubiera situación de conflicto desencadenante".
OBSERVACIONES: se informa por escrito a ambos padres.

---

[4] Esta parte de la investigación formó parte del proyecto "Educación y salud: Prevención de accidentes" realizado en el Instituto Sara C. de Eccleston con financiación del PRISE (1999-2000). Formaron parte del equipo en esta etapa también, las Lic. Claudia Díaz, Beatriz Ortiz y Mirta Lucilli, profesoras del Instituto de formación docente así como el Lic. Mario Zimmerman también profesor, así como la docente Marcela Córdoba.

ACTA: XXXX.
FECHA: XXXX.
NOMBRE DEL ALUMNO: Pedro XXXX.
EDAD: 5.
NOMBRE DEL DOCENTE: María XXXX.
SALA: 3.
MOMENTO DEL ACCIDENTE: turno mañana.
LUGAR DEL ACCIDENTE: parque.
DESCRIPCIÓN DEL ACCIDENTE: en el momento del juego, en una trepadora, un compañero pegó en la mano a Alan con una "ramita" y forcejeó con él; Alan perdió el equilibrio y cayó, ante la mirada atenta de la maestra.
OBSERVACIONES: la profesora XXXX atendió al niño que lloraba y observó su hombro. El niño se calmó, almorzó y continuó con las actividades sin quejarse. Se informó a los padres de lo ocurrido.
El niño sufrió fractura de clavícula.

ACTA: XXXX.
FECHA: XXXX.
NOMBRE DEL ALUMNO: Gabriel XXXX.
EDAD: XXXX.
NOMBRE DEL DOCENTE: Gabriela XXXX.
SALA: 4.
MOMENTO DEL ACCIDENTE: mañana, 10:30 hs.
LUGAR DEL ACCIDENTE: la sala.
DESCRIPCIÓN DEL ACCIDENTE: el "pequeño" presenta en su ojo un aspecto lacrimoso y cierto enrojecimiento, al golpearse "accidentalmente" con un "pequeño" plato de plástico sostenido por un compañero. Están presentes la maestra y la alumna ad-honorem.
OBSERVACIONES: de inmediato se atendió al niño, lavándole el ojo. Se informó telefónicamente a la familia venir a observar a la escuela al niño para realizar una consulta médica si fuera necesario. El padre se presenta a las 13 hs. Y decide la permanencia del niño hasta el horario de salida.

Conclusiones sobre las actas del registro de accidentes

Las actas se constituyen en textos jurídicos, en los que el sujeto de la enunciación no es un especialista. Las condiciones de redacción que impone el Reglamento son normativas y prescriptivas: es esencial que el docente describa la situación, como producida frente a su mirada atenta. Es así como la narrativa está permanentemente "marcada" por este doble cruce de cuidarse a sí mismo y cuidar al otro, y la sinonimia de cuidar es mirar panópticamente y avisar a los padres. Es por ello que el uso de los adverbios "accidentalmente" y los diminutivos "cortadita", enfatizan el carácter accidental/imprevisible.

La concepción de accidente que aparece en las actas se basa en la experiencia personal de cada maestro, que replica de alguna manera el grupo social al que pertenece. Se pone en visibilidad la tensión, la dificultad para distinguir los accidentes de la agresión.

El rol del docente y del alumno están subordinados a la necesidad jurídica del primero, haciendo que los niños sean sujetos impredecibles, con cuerpos fragmentables, desarmables: "el niño se hamacaba y de repente se cayó y el pómulo fue a dar al piso".

Esto permite pensar las actas como discursos en los que se muestran las representaciones del cuidado que el Estado enseña a sus docentes a tener con los niños. En realidad desde nuestro punto de vista el Estado *se cuida* de que los docentes no reciban juicios por negligencia y que estos luego recaigan sobre él. Entonces enseña a completar las actas con un discurso que enfatiza la impredecibilidad del niño.

El cuidado del niño se agota en *ser mirado por un docente* y ante lo *impredecible quedar registrado* en este libro.

Se verifica el hecho de que en esta burocratización de la escuela, las actas que se levantan en los accidentes son parte del conjunto de prácticas que se realizan para no producir conocimiento. La escuela invisibiliza la posibilidad de usar, mirar los registros desde una mirada curiosa, que se interroga y que interpela acerca de los lugares, horas, situaciones, espacios, personas más frecuentemente relacionados con los accidentes. Una mirada que produzca prevención y que utilice como instrumento los registros para ver dónde y cómo se producen, etcétera.

Conclusiones e interrogantes

*La temática del cuidado debería formar parte de las políticas públicas no sólo por su trascendencia en las relaciones familia-escuela, sino también en relación con la construcción de esa noción para la sociedad toda.

*El cuidado tiene que ver con la construcción de las normativas, por ende deben indagarse las relaciones con la construcción de la ley.

*Es necesario seguir indagando en las relaciones entre el cuidado y la participación así como en las relaciones entre la autonomía y la construcción de ciudadanía.

*Un interrogante que surge tiene que ver con las themata, en particular con la de cuidado: ¿es posible pensar que las *themata* contribuirían en la construcción de un anclaje determinado?

*Indagar en las relaciones con la psicología cultural postvigotskiana que habla de los artefactos y de los sistemas de actividad que se encuentran repartidos entre todos los actores sociales involucrados. ¿De qué manera la actividad del cuidado está distribuida y cómo se constituye?

Bibliografía

ARRUDA, A. (1999). "Introdução". En Arruda, A. (org.). *Representando a alteridade.* Petrópolis: Vozes, 2° Ed.

BOUSQUETS, M. D. (1995). *Los temas transversales.* Buenos Aires: Santillana.

COLL, C.; ONRUBIA, J. (1996). "La construcción de significados compartidos en el aula: actividad conjunta y dispositivos semióticos en el control y seguimiento mutuo entre profesor y alumnos". En C. Coll; D. Edwards (eds.). *Enseñanza, aprendizaje y discurso en el aula.* Madrid: Fundación Infancia y Aprendizaje.

COLE, M. (1999). *Psicología Cultural.* Madrid: Morata.

DAVINI, M. C. (1994). *Educación permanente del personal de salud.* Serie Desarrollo de Recursos Humanos. O.P.S.

ELICHIRY, N. (2000). "Aprendizaje y construcción de conocimientos en salud". En Chardon, Ma. Cristina (comp.) (2000). *Perspectivas e Interrogantes en Psicología Educacional.* Buenos Aires: Eudeba, JVE Ediciones.

JODELET, D. (1984). "La representación social: fenómenos, conceptos y teoría". En Moscovici, S. *Psicología social II. Pensamiento y vida social. Psicología social y problemas sociales.* Barcelona - Buenos Aires - México: Paidós.

JODELET, D. (2006). "Place de l`expériencevécuedans les processusde formation des représentations sociales". En Haas, V. (comp.) *Les savoirs du quotidien.* France: PUR.

LACASA, P. (1994). *Aprender en la escuela, aprender en la calle.* Madrid: Aprendizaje Visor.

LACASA, P. (1996). "¿Juicio al lenguaje integrado? Algunas razones para su defensa". Cultura y Educación, 1: 39-54.
LACASA, P. (1997). *Familias y escuelas. Caminos de la orientación educativa*. Madrid: Visor.
LACASA, P. (1997). *Los deberes escolares: ¿un camino para establecer puentes entre la familia y la escuela?* Córdoba: Universidad de Córdoba.
LACASA, P.; HERRANZ-YBARRA, P. (1995). *Aprendiendo a aprender. Resolver problemas entre iguales*. Madrid: CIDE.
LAVE, J.; WENGER, E. (1991). *Situated Learning. Legitimate peripherical participation*. Cambridge, MA: Cambridge University Press.
MILLER, P. J.; GOODNOW, J. J. (1995). "Cultural practices: Toward an integration of culture and development". En J. J. Goodnow, P. J. Miller y F. Kessel (eds.). *Cultural practices as contexts for development*. San Francisco: Jossey-Bass.
MOLL, L. (1993). *Vigotsky y la Educación*. Buenos Aires: Aique.
MOSCOVICI, S.; VIGNAUX, G. (2001). The concept of themata. En Moscovici, S. (cd.) *Explorations in social psychology*. Nueva York: University Press.
ORGANIZACIÓN MUNDIAL DE LA SALUD (1997). "Fomento de la Salud a través de la escuela". Serie Informes Técnicos 870.
ORGANIZACIÓN PANAMERICANA DE LA SALUD (1998). "Escuelas promotoras de Salud. Entornos saludables y mejor salud para las generaciones futuras". Comunicación para la Salud N° 13.

ORGANIZACIÓN MUNDIAL DE LA SALUD (1987). Carta de Ottawa. Boletín de la Oficina Sanitaria Panamericana, Salud Pública. OMS Políticas de salud 103 (1): 76-81.

POSTIC, M. (2000). *La relación educativa*. Madrid: Narcea Ediciones.

RODRIGO, M. J.; RODRIGUEZ, A.; MARRERO, J. (eds.). (1994). *Las teorías implícitas. Una aproximación al conocimiento cotidiano*. Madrid: Visor.

ROGOFF, B. (1994). "Developing understanding of the idea of communities of learners". Mind, Culture and Activity, 1 (4): 209-229.

TABER, B.; ALTSCHUL, C. (comp.) (2005). *Pensando Ulloa*. Buenos Aires: Libros del Zorzal.

TRYPHON, A.; VONÉCHE, J. (comps.) (2000). *Piaget-Vygotsky: la génesis social del pensamiento*. Buenos Aires: Paidós Ibérica.

ULLOA, F. (1995). *La novela clínica psicoanalítica*. Buenos Aires: Paidós.

VIGOTSKY, L. (1987). *Historia del desarrollo de las funciones psicológicas superiores*. La Habana: Editorial Científico Técnica.

VILA, I. (1998). *Familia, escuela y comunidad*. Barcelona: Horsori.

WITTROCK, M. (1997). *La investigación de la enseñanza*. Educador: Paidós.

ZALDÚA, G. (comp.). (1999). *Violencia y género*. Eudeba.

Anexos

Total de accidentes por año según turno

año	mañana	tarde	sin dato	totales
1994	11	4	0	15
1995	9	3	3	15
1996	8	5	7	20
1997	20	7	3	30
1998	17	10	2	29
totales	65	29	15	109

Total de accidentes por año y lugar de ocurrencia

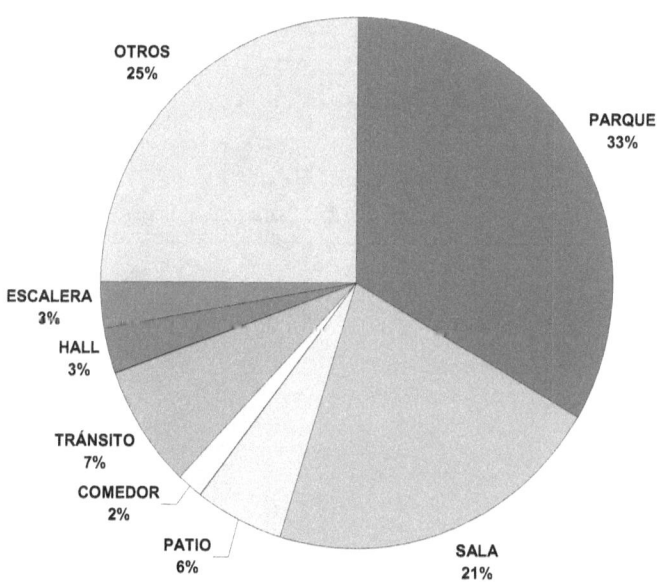

Distribución de las 135 palabras y sintagmas clave según los fenómenos semánticos de ambigüedad y la asusencia de ésta en los juegos de palabras

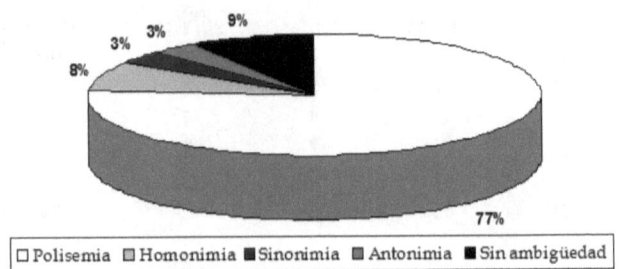

Accidentes por año y lugar de ocurrencia

año	PARQUE	SALA	PATIO	COMEDOR	TRÁNSITO	HALL	ESCALERA	OTROS / SIN DATO
1994	3	5	1		1	2	1	2
1995	7	3	1	1	1			2
1996	4	3	1		1			11
1997	11	7	2		2	1	1	6
1998	11	5	1	1	3		1	6
TOTAL	36	23	6	2	8	3	3	27

Esta tirada de 100 ejemplares se terminó de imprimir en abril de 2015 en Imprenta Dorrego, Dorrego 1102, CABA